Marcus Eckert
Classroom Management

Strategien für die Gestaltung einer produktiven Lernumgebung

Reclam

RECLAMS UNIVERSAL-BIBLIOTHEK Nr. 14241
2022 Philipp Reclam jun. Verlag GmbH,
Siemensstraße 32, 71254 Ditzingen
info@reclam.de
Gestaltung: Cornelia Feyll, Friedrich Forssman
Druck und Bindung: Elanders Waiblingen GmbH,
Anton-Schmidt-Straße 15, 71332 Waiblingen
Printed in Germany 2026
RECLAM, UNIVERSAL-BIBLIOTHEK und
RECLAMS UNIVERSAL-BIBLIOTHEK sind eingetragene Marken
der Philipp Reclam jun. GmbH & Co. KG, Stuttgart
ISBN 978-3-15-014241-7
reclam.de

Eckert | Classroom Management

Bildung und Unterricht

Inhalt

1 Wie Sie dieses Buch zum Classroom Management nutzen können

Dieses Buch ist eine Einladung zum Experimentieren, zum Reflektieren und zum Diskutieren. Viele der Ansätze, die Sie hier lesen werden, kennen Sie schon. Worin besteht der Mehrwert dieses Buchs? Die Güte und das Gelingen von Klassenführung steigen mit der Expertise (König & Kramer, 2016). Wir wissen aus verschiedenen Forschungsarbeiten, dass Lehrer:innen mit einer höheren Expertise Störungen und Konflikte viel früher wahrnehmen und diesen dann aktiv begegnen, bevor sie zu wirklichen Problemen werden (Bromme, 2014; Ophardt & Thiel, 2017). Im Vergleich zu Laien oder Novizen haben Experten im pädagogischen Handlungsfeld komplexere innere Modelle von den Menschen, mit denen sie arbeiten. So können sie vielfach zielgenauer ihre Handlungen abstimmen und damit die Effektivität ihres Tuns steigern (z. B. indem sie einzelne Schüler:innen gezielter motivieren können).

Expertise entsteht nicht aus Erfahrung allein. Und Expertise kann man auch nicht allein durch das Lesen von Theorien erwerben. Vielmehr wächst die Expertise dann, wenn theoriegeleitetes Wissen mit relevanten Handlungsschemata auf eine Art verknüpft wird, dass die Güte der Entscheidungen im Alltag verbessert wird. Daniel Kahneman (2016) hat in seinem bekannten Buch *Schnelles Denken, langsames Denken* eindrücklich gezeigt, dass wir zwei unterschiedliche Systeme zur Verarbeitung von Informationen haben: ein schnelles intuitives, das uns hilft, unter Handlungsdruck häufig richtig zu entscheiden; und ein langsameres, das es uns ermöglicht, unsere Entscheidungen und Handlungen besser anzupassen. Der Preis, den wir für schnelle Entscheidungen zahlen, ist, dass diese oft nicht genau passend, manchmal sogar unpassend sind, wenn auch intuitive Entscheidungen bei einer hohen Komplexität oft zu besseren Ergebnissen führen. Der Preis für genaueres Denken ist die fehlende Geschwindigkeit. Gerade im Classroom Management und im Unterricht überhaupt müssen Sie häufig schnell handeln. Und im Setting Schule ist die Komplexität oft sehr hoch. Sie müssen viele Faktoren gleichzeitig berücksichtigen. Experten gelingt es in ihrer Domäne, dass sie Informationen sowohl intuitiv, schnell und unbewusst als auch bewusst und analytisch verarbeiten. Und dass sie schnell zwischen beiden Verarbeitungsmodi wechseln können (Sachse, 2009).

Der Mehrwert dieses Buches besteht darin, dass Sie eingeladen werden, Wissen zu vernetzen. In Reflexionsimpulsen können Sie die Theorien und Modelle mit Ihren praktischen Erfahrungen verknüpfen. Sie werden angehalten, Ihren Alltag durch die Brille der jeweiligen Theorien zu beobachten. Vielleicht lassen Sie sich sogar auf einige Alltagsexperimente ein. All das zielt darauf ab, dass Sie selbst Ihre Expertise im Classroom Management ausbauen. Selbstverständlich dürfen Sie dieses Buch auch einfach »nur« lesen, ohne den Impulsen, Beobachtungs- und Reflexionseinladungen und den Alltagsexperimenten nachzukommen.

In diesem Buch werden wir verschiedene wissenschaftliche Theorien und Modelle beleuchten und aus ihnen Anregungen für die Gestaltung des Classroom Management ziehen. Bevor wir das jedoch machen, sollten wir uns darauf einigen, was wir unter Classroom Management verstehen und was nicht (Kapitel 1.1). Da es keine einheitliche Definition gibt, werden wir mit einem variablen Kernverständnis darüber auskommen müssen.

Seit vielen Jahren arbeite ich mit Lehrer:innen zum Classroom Management. Oft begegnet mir der verständliche Wunsch, Werkzeuge und »Rezepte« an die Hand zu bekommen, die sofort einsetzbar sind. Obwohl dieses Buch sehr praxisorientiert ausgerichtet ist, wird es keine »Kochrezepte« geben. Das würde der Komplexität nicht gerecht und es würde letztlich auch das, was Sie täglich leisten, nicht genügend würdigen. Ob eine Strategie oder eine Technik funktioniert oder nicht, hängt nicht selten von der Haltung der Lehrer:in ab und von der Beziehung zwischen ihr und der Klasse bzw. einzelnen Schüler:innen. Hier ist Haltungs- und Beziehungsarbeit gefragt (Kapitel 1.2 und Kapitel 4). Auch darum wird es in diesem Buch gehen. Aber selbstverständlich bekommen Sie auch Ansätze, Techniken, Methoden und Strategien an die Hand, die Sie sofort einsetzen können und die effektiv sind (Kapitel 1.3).

1.1 Was ist Classroom Management und was ist es nicht?

Classroom Management zielt darauf ab, die echte Lehr-Lern-Zeit, das Klassenklima, die Lernatmosphäre und das demokratische Miteinander zu optimieren bzw. bewusst zu gestalten. Um das zu erreichen, müssen Störungsanteile gering gehalten und die Schüler:innen zur Mitarbeit bzw. zum Mitgestalten motiviert werden, denn eine aktive Mitarbeit am Unterricht ist eine zentrale Voraussetzung für schulische Lernprozesse (Junker & Holodynski, 2021). Classroom Management umfasst somit alle lehrerseitigen Aktivitäten[1] zur Gestaltung einer Lernumgebung, die sich günstig auf das curriculare und das sozialemotionale Lernen auswirken. Dabei ist Classroom Management nicht »einfach irgendein weiteres Modul für guten Unterricht, sondern legt die Basis für gute Lehrer-Schüler-Beziehungen, dass die Schüler gut lernen und dass sich Lehrer und Schüler im Unterricht wohlfühlen« (Eichhorn, 2014, S. 8 f.).

1 Das bedeutet jedoch nicht, dass die Rolle der Schüler:innen hier passiv konzipiert wird, ganz im Gegenteil.

Der Begriff Classroom Management geht auf Jacob Kounin (1976) zurück, der fünf Dimensionen des Classroom Management postulierte, die bis heute heuristischen Wert haben (wenngleich die Begrifflichkeiten oft etwas antiquiert wirken):

1. *Disziplinierung:* Die Lehrer:in interveniert bei Störungen angemessen und schafft es, die Störungen zu reduzieren oder zu beseitigen. In diesem Buch wird im Kapitel 2 exemplarisch gezeigt, dass Störungen aus der Vermeidung des Gefühls von Hilflosigkeit (»In Mathe bin ich ein Versager. Das kriege ich nie hin!«) entstehen können. Statt auf »typische« Sanktionen zur Disziplinierung zurückzugreifen, finden Sie in diesem Buch Interventionen, die auf die Überwindung von Hilflosigkeitsgefühlen und auf das Erleben von Selbstwirksamkeit abzielen. Sie lernen auch Interventionen auf der Beziehungsebene kennen, um akute Störungen zu reduzieren (Kapitel 4). Im Setting Schule wird häufig das Autonomiebedürfnis aller (!) Akteure unzureichend erfüllt. Dies kann ebenfalls zu Störungen führen, die durch die Berücksichtigung einiger Implikationen der Selbstbestimmungstheorie von Deci und Ryan (Taylor u. a., 2014) eingedämmt werden können (Kapitel 3). In Kapitel 8 wird es im Kern um die Intervention von Störungen gehen, die akut auftreten. Damit die Gelingenswahrscheinlichkeit hierfür steigt, ist es günstig, Kommunikationsstrategien zu verwenden, die zu Kooperation einladen.
2. *Allgegenwärtigkeit und Überlappung* zielt darauf ab, bei den Schüler:innen das Gefühl zu erzeugen, dass die Lehrer:in stets über die Abläufe, die Mitarbeit und die Interaktionen (auch die abseitigen) im Unterricht informiert ist. Junker und Holodynski (2021) sehen das Monitoring als äquivalente Aktivität, um proaktiv Unterrichtsprozesse zu steuern. Bei der Gestaltung von Beziehungen ist es immer hilfreich,

wenn sich die Interaktionspartner:innen wahrgenommen und gesehen fühlten. Deswegen besprechen wir in Kapitel 4 Möglichkeiten, wie Sie in der Beziehungsarbeit den Schüler:innen dieses Gefühl vermitteln können. Welche Feedbackprozesse es begünstigen, dass Schüler:innen sich jederzeit (in ihrer Kompetenz) wahrgenommen fühlen, betrachten wir in Kapitel 5. In Kapitel 6 lernen Sie u. a. auch Verstärkungstechniken kennen, die das Gefühl vermitteln, dass die Lehrer:in bereits gute Absichten erkennt und verstärkt.

> ***Weiterführender Hinweis***
> Etwa 20 % der Schüler:innen leiden unter psychischen Störungen und benötigen punktuell besondere professionelle Formen der Aufmerksamkeit. Diese können im Rahmen dieses Buches nicht ausführlich behandelt werden. Weiterführende Überlegungen dazu finden Sie unter *www.apollon-hochschule.de/schulpsychologie* oder im Buch *Umgang mit psychischen Störungen im Unterricht* (Eckert, 2022).

3. *Reibungslosigkeit und Schwung* sorgen für einen guten und flüssigen Unterrichtsablauf, der zu einer kognitiven Aktivierung der Schüler:innen einlädt (Eichhorn & von Suchodoletz, 2013).). Reibungslosigkeit und Schwung sind das Ergebnis einer prozessualen Strukturierung bei gleichzeitiger Etablierung von Regeln und Routinen, die die notwendigen Abläufe sichern (Junker & Holodynski, 2021). Damit unnötige psychologische Widerstände vermieden werden, ist es günstig, Implikationen der Selbstbestimmungstheorie (Claver u. a., 2020) in die Unterrichtsgestaltung miteinzubeziehen (Kapitel 3, 5, 6 und 7). Wie es gelingt, gemeinsam mit der Lerngruppe Regeln und Rituale so umzusetzen, dass sie sicher gezeigt werden, besprechen wir in Kapitel 6. Die hohe

Kunst ist es, sich als Lehrer:in so überflüssig zu machen, dass der Unterricht auch (fast) ohne Sie reibungslos und schwungvoll läuft. In Kap. 7 stelle ich Ihnen einige Ansätze aus der Teamentwicklung im Klassenzimmer (Klippert, 2019) und dem Kooperativen Lernen (Green & Green, 2005) vor.

4. Unter *Gruppenmobilisierung* versteht Kounin die Fähigkeit der Lehrer:in, sich auf die ganze Gruppe und zugleich auf die einzelnen Schüler:innen zu fokussieren und diese auf beiden Ebenen zu unterstützen – individuell und als Gruppe. Neben der Beziehungsarbeit (Kapitel 4) und den Feedbackprozessen (Kapitel 5) spielen selbstverständlich Gruppenarbeit, Teamentwicklung und kooperatives Lernen (Kapitel 7) eine zentrale Rolle.
5. *Abwechslung und Herausforderung* zielt darauf ab, die Lernaktivitäten auf eine Weise zu gestalten, dass diese die kognitive Aktivierung der Schüler:innen begünstigen. Sowohl Elemente der Selbstbestimmungstheorie (Kapitel 3) als auch geschickt genutzte Aspekte der Gamifizierung sind hier hilfreich. Der Lernprozess sollte aus konstruktivistischer Sicht betrachtet werden, denn wir alle bauen unser Wissen auf unserem Vorwissen und abhängig von Vorerfahrungen auf. Personen, die unterschiedliches Vorwissen oder andere Informationen haben, nehmen den Lernstoff anders wahr, bewerten ihn anders und ordnen ihn anders ein. Sie konstruieren entsprechend eine unterschiedliche Bedeutung. Die Art und Weise, wie wir unser Feedback (Kapitel 5) gestalten, verändert also auch den Lernprozess. Vormals langweilige Aufgaben können auf einmal spannend und herausfordernd sein.

Dieses Buch lädt Sie ein, diese von Kounin aufgestellten Dimensionen aus unterschiedlichen Perspektiven zu beleuchten und für die Praxis tauglich zu machen. Dabei gestalten nicht nur Sie, sondern konsequenterweise auch Ihre Schüler:innen die Prozesse verantwortlich mit. Wie das gelingen kann, darum geht es hier.

Schüler:innen haben altersspezifische Entwicklungsaufgaben zu bewältigen, die so etwas wie die Hintergrundmusik des schulischen Lernens sind. Der erste Liebeskummer lässt sich auch im Matheunterricht nicht vergessen. Der erste Zahn fällt mitunter auch im Sachkundeunterricht aus. Classroom Management sollte also stets die *entwicklungspsychologische Perspektive* als Ratgeber berücksichtigen. Verschiedene *soziodemografische Hintergründe* haben ebenfalls einen Einfluss darauf, wie Lernen optimalerweise gestaltet werden sollte. Allerdings sind diese beiden Aspekte so umfassend, dass sie in diesem Buch keine explizite Berücksichtigung finden können. Trotzdem sind Sie gut beraten, beides im Blick zu behalten und sich stets diese Fragen zu stellen: Was brauchen meine Schüler:innen, damit die nächsten Schritte gelingen? Und was brauche ich, damit ich die Schüler:innen gut bei diesen Schritten begleiten kann?

1.2 Einladung zu Arbeit an der inneren Haltung

Ein wichtiger Faktor in der Klassenführung ist die Authentizität der Lehrer:innen. So scheint Authentizität von Lehrer:innen eine Verbindung zwischen Lehren und komplexem Lernen darzustellen (Kreber, 2010). Auch die Glaubwürdigkeit von Lehrer:innen hängt davon ab, in welchem Maße sie von den Schüler:innen als authentisch wahrgenommen werden (Hascher, 2006). Authentische Lehrer:innen werden häufiger als Verhaltensmodell gewählt und befördern gelingende Entwicklung. Allerdings ist es gleichzeitig wichtig, den Schüler:innen gegenüber eine wohlwollende sowie ressourcen- und kompetenzfokussierende Haltung einzunehmen. Diese sollte als kongruent bzw. authentisch erlebt werden. Aus diesem Grund erscheint es als unverzichtbar, im Rahmen des Classroom Management an der eigenen Haltung zu arbeiten.

Ein immer noch verbreitetes Vorurteil hinsichtlich der Authentizität im Lehrerberuf besteht darin, dass es authentisch und deshalb richtig wäre, negative Emotionen den Schüler:innen gegenüber auszuleben (z. B. indem man sie anschreit oder ihnen ungefiltert negatives Feedback gibt). Obwohl das in der Situation möglicherweise authentisch ist, erweist sich diese Form von Authentizität als meistens nicht hilfreich. Authentisches Wohlwollen, Wertschätzung und eine ressourcenfokussierte Perspektive auf Schüler:innen gelingt angesichts von wahrgenommener Respektlosigkeit oder angesichts von Unterrichtsstörungen häufig nicht so leicht. Und doch zeigt sich vielfach, dass genau diese wohlwollende Perspektive wünschenswerte Entwicklungen begünstigt und die Schüler:innen zum Reflektieren einlädt. Je sichtbarer und spürbarer Lehrer:innen sich selbst reflektieren und an ihrer Haltung arbeiten, desto wahrscheinlicher werden sie für die Schüler:innen zu einem erstrebenswerten Verhaltens- und Entwicklungsmodell. Deshalb sollte Emotionsarbeit einen Teil der Arbeit im Lehrerberuf ausmachen (Eckert u. a., 2012).

Wie kann es gelingen, angesichts von Störungen oder Respektlosigkeiten authentisch wertschätzend und zugleich klar zu kommunizieren, ohne in die »Ärgerfalle« zu tappen? Wie können Sie mit unerwünschten Emotionen umgehen? Dabei ist es mir wichtig zu betonen, dass keine Emotion – auch Ärger nicht – an sich schlecht ist. Aber Ärger ist dann schlecht, wenn er uns den Weitblick nimmt und uns zu impulsiven oder gar abwertenden Äußerungen verführt. Aber auch unterdrückter Ärger kann im Unterricht ungünstig sein. Wenn die Schüler:innen wahrnehmen, dass Sie eine Verhaltensweise ärgert, dann könnte dieser Ärger eine wichtige Rückmeldung für Sie und die Schüler:innen sein. Wenn Sie den Ärger unterdrücken, fehlt die »echte« Rückmeldung, und Sie werden möglicherweise unglaubhaft. Wie gelingt es aber, den Ärger authentisch zu kommunizieren und gleichzeitig wertschätzend zu kommunizieren? Diese und weitere Herausforderungen erfordern eine Arbeit an der inneren Haltung. Zu dieser lade ich Sie immer wieder im Laufe des Buches ein – ohne diese Arbeit sind die meisten Methoden, Techniken oder Strategien nutzlos.

Reflexionsimpuls
Die meisten Menschen hatten in ihrer eigenen Schullaufbahn Lehrer:innen, die durch eine positive und trotzdem klare Haltung auffielen – und Lehrer:innen, bei denen man wenig Haltung wahrgenommen hat. Wählen Sie bitte im Geiste zwei Ihrer eigenen Lehrer:innen aus: Eine Lehrer:in, deren Haltung Sie auch heute noch erstrebenswert finden, und eine, von der Sie sich innerlich distanzieren würden.

Worin unterscheiden sich diese Lehrer:innen? Was würden Sie für Ihre eigene Praxis gerne übernehmen? Was davon gelingt Ihnen und wie machen Sie das? Woran möchten Sie noch arbeiten? Und wann ist Ihnen auch das bereits gelungen (vielleicht nur punktuell)?

1.3 Erst jetzt kommen Methoden, Techniken und Strategien

In diesem Buch stelle ich Ihnen unterschiedliche Theorien und Befunde vor. Daraus leite ich Methoden, Techniken und Strategien ab, die Sie in der Praxis erproben können. Die Erfahrung zeigt, dass diese Ansätze praxistauglich sind und sich in der Regel schnell umsetzen lassen. Allerdings bekommen Sie keine

Kochrezepte an die Hand, sondern Handreichungen, die Sie an die spezifischen Bedingungen Ihrer Praxis anpassen müssen, damit sie funktionieren. Laden Sie sich selbst zu kleinen Experimenten ein und bewerten Sie, was gut klappt und was gut zu Ihnen und der jeweiligen Lerngruppe passt.

Meistens ist es hilfreich, wenn Sie die Lerngruppe mit in die Reflexion, Evaluation und Weiterentwicklung einer Methode einbinden. Schließlich sind die Schüler:innen die Expert:innen für ihren eigenen Lern- und Entwicklungsprozess. Im herkömmlichen Schulbetrieb mag diese Rollenzuschreibung für alle Akteure zunächst etwas befremdlich anmuten. Ich bin aber überzeugt davon, dass alle die Bedingungen, die Kounin für ein gutes Classroom Management formuliert hat, besser gelingen, wenn alle Akteure – auch die Schüler:innen – dafür Verantwortung übernehmen und mit Spaß daran arbeiten. Und dafür ist gelebte Partizipation ein guter Schritt. Wie das funktionieren kann, stelle ich beispielsweise in Kap. 6 und 7 vor.

2 Das Problem der erlernten Hilflosigkeit im Kontext von Schule

Sabrina (8. Klasse) weigert sich, ihre Aufgaben in Mathe zu erledigen. Ihre Lehrerin fordert sie auf anzufangen. Sabrina weigert sich jedoch weiterhin und sagt, sie werde Mathe ohnehin nie verstehen.

In einer fünften Hauptschulklasse gibt Herr Müller, der Englischlehrer, die Hausaufgabe, dass die Schüler:innen ihre Vokabeln lernen. Als in der nächsten Stunde niemand die Vokabeln kann, erklärt die Klasse ihrem Englischlehrer: »Sie dürfen nicht zu viel erwarten. Wir sind nur Hauptschüler.«

Paul (9. Klasse) ist bei Klassenarbeiten auffallend häufig krank bzw. fehlt. Im Elterngespräch berichtet die Mutter glaubhaft, dass Paul stets starke Bauchschmerzen habe, wenn eine Klassenarbeit unmittelbar bevorsteht.

Bei diesen drei kleinen Beispielen spielt die *erlernte Hilflosigkeit* mit großer Wahrscheinlichkeit eine zentrale Rolle. Erlernte Hilflosigkeit ist ein Phänomen, dass im Setting Schule vielfach vorkommt und einen ungünstigen Einfluss auf das Wohlbefinden, auf die psychosoziale Entwicklung und auf die Leistung von Schüler:innen hat (Johnson, 1981; Sorrenti u. a., 2019). In diesem Kapitel werden das Phänomen und die Hintergründe der erlernten Hilflosigkeit vorgestellt. Dazu betrachten wir verschiedene aufschlussreiche Studien, die die Mechanismen erhellen und aufzeigen, wie schnell im Unterricht dieses ungünstige Phänomen aktiviert werden kann. Schließlich wird es darum gehen, mit welchen Maßnahmen

Sie dem Erlernen von Hilflosigkeit entgegenwirken können und welche Instrumente Sie nutzen können, um bereits erlernte Hilflosigkeit in Kompetenzerleben zu überführen.

2.1 Das Phänomen der erlernten Hilflosigkeit: Was wissen wir?

Das Phänomen der erlernten Hilflosigkeit ist vor allem aus der Depressionsforschung bekannt. Es geht auf den Psychologen Martin Seligman zurück und wurde zunächst bei Tieren erforscht. Inzwischen wissen wir, dass es auch sehr verbreitet bei Menschen ist.

In einem klassischen Experiment mit Hunden zeigten Seligman und Maier (1967), wie leicht Hilflosigkeit erlernbar ist. Dazu teilten die Forscher Hunde per Zufall in drei Gruppen A, B und C. In der ersten Phase des Experiments erhielten die Hunde der Gruppe A und die Hunde der Gruppe B kleine Stromschläge, während die Hunde der Gruppe C keine Stromschläge bekamen. C war die Kontrollgruppe. Der Unterschied zwischen Gruppe A und Gruppe B war, dass die Hunde der ersten Gruppe (A) den Stromschlag durch das Betätigen eines Hebels abwenden konnten, während die Tiere der Gruppe B ihm hilflos ausgeliefert waren. In Dauer, Intensität und Frequenz der Stromschläge unterschieden sich die Gruppe A und B nicht.

In der zweiten Phase des Experiments zeigte sich jetzt ein furchtbares Ergebnis: Die Hunde wurden alle in eine sogenannte Shuttle-Box gesetzt. Das waren zwei identische Boxen, die miteinander verbunden waren. Die Hunde konnten frei von einer in die andere Box wechseln. Als es in einer der beiden Boxen Stromschläge gab, wechselten die Hunde der Gruppe A (die zuvor einen Einfluss auf die Stromschläge hatten) und auch die Hunde der Kontrollgruppe C (die keine Stromschläge bekommen hatten) relativ schnell in die andere Box und brachten sich so in Sicherheit. Die Hunde der Gruppe B (die zuvor den Stromschlägen hilflos ausgeliefert waren) blieben viel länger in der Box, in der sie Stromschläge bekamen, oder sie wechselten gar nicht. Und das, obwohl ihnen gezeigt wurde, dass sie sich in Sicherheit bringen konnten. Diese Tiere hatten zuvor sehr stabil gelernt, dass sie hilflos waren. Dadurch zeigten sie auch dann Hilflosigkeit, wenn sie eigentlich ihre Situation verbessern konnten.

Nicht nur Hunde, sondern nahezu alle Säugetiere können Hilflosigkeit erlernen – also auch Menschen. Meistens reduziert das nicht nur die Selbstwirksamkeit und führt zu mehr Lethargie, sondern es kann die Entstehung von Depression oder Angsterkrankungen begünstigen.

Schule ist ein Ort, an dem Hilflosigkeit gelernt oder erlernte Hilflosigkeit aktiviert werden kann. Das kann alle Akteure betreffen: Schüler:innen, Eltern und auch Lehrer:innen. Wer andauernd die Erfahrung eigener Wirkungslosigkeit gemacht hat, läuft Gefahr, diese zu generalisieren und so auf andere Situationen zu übertragen, in denen es durchaus Handlungsoptionen gäbe. Obwohl in diesen Fällen nicht immer mit der Entwicklung klinisch relevanter Symptome zu rechnen ist, beeinträchtigt das Erleben von Hilflosigkeit das Wohlbefinden, die Leistungsbereitschaft und das soziale Miteinander. Manchmal können Sie es daran beobachten, dass Schüler:innen sich »Ersatzschauplätze« suchen, dass Eltern nicht kooperieren oder dass Kolleg:innen innerlich gekündigt zu haben scheinen. Überlegen Sie einmal, welche Gelegenheiten die Schule bietet, Hilflosigkeit zu erlernen oder diese Erfahrung zu vertiefen. Aus genau diesem Grund möchte ich dieses Buch mit diesem Phänomen beginnen und Ihnen alltagstaugliche Werkzeuge und Perspektiven an die Hand geben, die zu dem Gegenteil von Hilflosigkeit einladen: zu Selbstwirksamkeitserfahrungen und zu Kompetenzerleben. Und in der Regel ist es sinnvoll, wenn möglichst viele Akteure (Schüler:innen, Eltern, Lehrer:innen) in einen günstigen Zustand des Kompetenzerlebens kommen. Denn Hilflosigkeitserleben kann »ansteckend« sein. Die meisten Elemente des Classroom Management, die ich Ihnen in diesem Buch vorstelle, sind deshalb auch darauf ausgerichtet, dass möglichst alle Akteure sich als selbstwirksam und kompetent erleben.

Schulisches Lernen wird leider viel zu oft noch aus einer Defizitperspektive heraus gedacht: »Weil die Schüler:innen x nicht können (Betonung der Inkompetenz), müssen sie es lernen.« Mir begegnen in meiner praktischen Arbeit immer noch solche in die Jahre gekommenen Glaubenssätze wie »Lehrjahre sind keine Herrenjahre«. Manchmal kommt dieser Glaubenssatz nur versteckt zum Vorschein: »Ich habe lange studiert, mich angestrengt und nun bin ich was (nämlich Lehrer:in). Du (Schüler:in) musst dich erst anstrengen, um etwas zu werden.« Dadurch wird eine Machtdifferenz legitimiert, die (oft ungewollt) abwertend ist und das Erleben von bereits erlernter Hilflosigkeit aktivieren kann. Manchmal reagieren Lehrer:innen hilflos, wenn wir in Fortbildungen über solche Glaubenssätze ins Gespräch kommen: »Ja, wie soll ich die Schüler:innen denn dann motivieren, etwas zu lernen?«

Ideen und wissenschaftlich gut fundierte Ansätze, wie das funktionieren kann, werden Sie in diesem Buch reichhaltig finden. Aber gestatten Sie mir noch einen Gedanken: Glaubenssätze, die betonen, dass die Schüler:innen eine defizitorientierte Motivation bräuchten, weil sie sonst keine Motivation zum Lernen hätten, sind häufig ebenfalls ein Indikator für Hilflosigkeit im System Schule – und hier betrifft es die Lehrkräfte. Übrigens: Wir alle haben ungünstige Glaubenssätze. Das ist nichts, wofür man sich schämen müsste. Man sollte nur hin und wieder neugierig sein, um diese zu entdecken und lustvoll durch günstigere zu ersetzen. Die Lehrjahre hören schließlich nicht mit dem Staatsexamen auf – wir haben glücklicherweise das Privileg, uns bis ins hohe Alter entwickeln zu dürfen.

Im ersten Kapitel haben Sie bereits gelesen, dass Classroom Management nicht aus einem Werkzeugkoffer voller Techniken und Methoden besteht, die man nur anzuwenden braucht, sondern dass die innere Haltungsarbeit mindestens genauso wichtig ist. Deshalb werden Sie im nächsten Impuls eingeladen, einmal eine eigene Hilflosigkeitserfahrung zu reflektieren. Dieser Impuls zielt darauf ab, Ihnen die Innenperspektive der Hilflosigkeit, aber auch die Innenperspektive des Überwindens der Hilflosigkeit bewusst zu machen. Wenn Sie Schüler:innen einladen, ihre Hilflosigkeitserwartungen zu überwinden, ist es hilfreich, sich authentisch einfühlen und glaubhaft Hoffnung vermitteln zu können. Das daran anschließende Alltagsexperiment lädt Sie selbst ein, aktuelle Gefühle von Hilflosigkeit zu überwinden. Warum sollten Sie sich das zumuten?

Eine Geschichte über Gandhi erzählt in etwa Folgendes: Eine Mutter suchte Gandhi auf und bat ihn, er möge ihrem Kind sagen, es soll nicht so viele Süßigkeiten essen. Denn davon äße es viel zu viel. Gandhi bat die Frau, in einer Woche wiederzukommen. Sie ging und kam nach einer Woche wieder. Gandhi beugte sich zu dem Kind und sagte: »Du musst aufhören, so viel Süßes zu essen. Das ist ungesund.« Als die Mutter daraufhin irritiert fragte, warum er für diesen einfachen Satz eine Woche gebraucht habe, antwortete Gandhi: »Ich musste mir erst selbst abgewöhnen, zu viel Süßes zu essen.«

Reflexionsimpuls
Wir alle kennen das Gefühl, hilf- und hoffnungslos zu sein – auch wenn wir eigentlich unsere Situation verbessern könnten. Das ist menschlich. Überlegen Sie sich bitte eine Situation, in der Sie sich

in der Vergangenheit zu Unrecht hilflos ausgeliefert fühlten. Irgendwann haben Sie die Erfahrung gemacht, dass Sie die Situation doch beeinflussen konnten. Was war das für eine Situation? Wissen Sie, was das Gefühl der Hilflosigkeit bei Ihnen begünstigt hat? Wie haben Sie es geschafft, das Gefühl der Hilflosigkeit zu überwinden?

In diesem Kapitel lernen Sie Strategien kennen, die darauf abzielen, Ihre Schüler:innen einzuladen, Hilflosigkeit in Kompetenz- und Selbstwirksamkeitserleben zu überführen. Laden Sie sich selbst parallel dazu ein, eine eigene Situation erlernter Hilflosigkeit zu überwinden. Darum geht es im folgenden Alltagsexperiment.

Alltagsexperiment
Suchen Sie eine Gelegenheit bzw. Situation, bei der Sie sich zurzeit immer wieder hilflos fühlen. Wählen Sie die Gelegenheit klug aus. Das heißt, machen Sie es sich nicht zu schwer. Dieses Vorgehen soll keine Therapie ersetzen, sondern Sie in die Lage versetzen, die Schüler:innen *authentisch* einzuladen, ihre Hilflosigkeit zu überwinden, während Sie parallel auch Ihre Hilflosigkeit überwinden.

Wo fühlen Sie sich zurzeit hilflos? Möchten Sie in diesem Kapitel daran arbeiten, dieses Gefühl der Hilflosigkeit zu überwinden?

2.2 Wie Sie Hilflosigkeitserleben im Unterricht fördern können

Diese Frage hört sich zunächst etwas merkwürdig an. Warum sollten Sie Hilflosigkeitserleben im Unterricht fördern wollen? Das sollen Sie überhaupt nicht. Nur: Das Wissen darum hilft zu verstehen, wie leicht und unbemerkt wir dieses ungünstige Erleben in der Schule oft fördern. Und wenn wir das wissen, können wir sensibler agieren.

Ilan Dar-Nimrod und Steven Heine (2006) haben in einer spannenden Studie jungen weiblichen Studierenden zwei Aufgaben nacheinander gegeben. Zuerst bekamen alle eine Aufgabe zum Textverständnis und danach einen Mathetest.

Allerdings unterschieden sich die Texte, die die Studierenden in der ersten Aufgabe bekamen. Während einige von ihnen einen sehr seriös anmutenden Text bekamen, in dem sinngemäß stand: Mädchen und Frauen können kein Mathe (was natürlich nicht stimmt), bekamen andere einen wissenschaftlich anmutenden Text, der besagte, dass es bezüglich der Mathematikfähigkeiten keine Geschlechterunterschiede gibt (was den Tatsachen entspricht).

Danach sollten alle die gleichen Matheaufgaben erledigen. Das Ergebnis war beeindruckend. Die jungen weiblichen Studierenden, die den Text hatten, der besagte, dass Mädchen und Frauen Mathe nicht verstehen können, erbrachten signifikant schlechtere Ergebnisse als die Studierenden, denen man zu lesen gegeben hatte, dass es keinen geschlechterbezogenen Unterschied in Mathe gibt.

Hier wurde auf eine erschreckend einfache Weise das Erleben von Hilflosigkeit aktiviert. Bereits die Erwartung, etwas nicht zu können, reduziert die eigenen kognitiven Ressourcen. Wir geraten in Stress. Stress begünstigt Kampf- und Fluchtverhalten, und dabei werden unsere Areale in unserem Gehirn gehemmt, die für Kreativität oder analytisches Denken zuständig sind. Das brauchten unsere Vorfahren auf der Flucht vor dem Säbelzahntiger nicht. Wer bei Gefahr zu viel dachte, der endete als Katzenfutter.

Heute ist das jedoch anders. Heute hat der Angstgegner meistens keine langen Zähne und will uns nicht fressen. Wer Angst hat, sich in Mathe zu blamieren, der erhöht die Wahrscheinlichkeit, dass er tatsächlich keine guten Lösungen findet. Denn die angst- und stressverarbeitenden Areale unseres Gehirns unterscheiden nicht zwischen Säbelzahntiger und Matheaufgabe. Sie aktivieren die gleiche physiologische Bereitschaft für Kampf und Flucht. Und dazu gehört es auch, dass die kognitiven Möglichkeiten eingeschränkt werden. Wenn Schüler:innen, Lehrer:innen oder Eltern Herausforderungen als bedrohlich und nicht lösbar erleben, erhöht sich die Wahrscheinlichkeit, dass ein ungünstiger Lernprozess stattfindet und Hilflosigkeitserleben erlernt wird. Wenn das wiederholt passiert, dann verknüpft das Gehirn dieses ungünstige Gefühl mit der Auslösersituation (z. B. an der Tafel stehen oder eine Vertretungsstunde in der 7a geben).

Diese Verknüpfung führt dazu, dass bereits das Erleben der Auslösersituation ausreicht, um erneut Hilflosigkeit zu erleben. Und hier besteht die Gefahr eines Teufelskreises: Das Erleben von Hilflosigkeit führt dazu, dass die Person weniger gut auf ihre Ressourcen und Kompetenzen zugreifen kann. Dadurch erlebt sich diese Person in der Situation erneut als insuffizient und hilflos. Schon wieder steht die Schüler:in an der Tafel, und schon wieder fällt ihr keine Lösung ein.

Bei den meisten Menschen ist Hilflosigkeitserleben nicht nur von der Auslösersituation abhängig, sondern auch von der Art, wie man diese betrachtet und einschätzt. Und das hängt u. a. davon ab, welche Erinnerungen und Erwartungen gerade im Gedächtnis aktualisiert wurden. In der Studie wurden bei der einen Gruppe Erwartungen aktiviert, die mit Misserfolg und Hilflosigkeit assoziiert waren (Mädchen und Frauen können kein Mathe). Im echten Leben außerhalb von psychologischen Laboren reicht oft schon eine hochgezogene Augenbraue der Lehrer:in, ein Lacher von Mitschüler:innen etc. Die Liste wäre sehr lang und individuell verschieden. Was bedeutet das für das Classroom Management?

Zunächst einmal ist es wichtig, dass Lehrer:innen, Schüler:innen und Eltern wissen, wie schädlich wiederholtes Hilflosigkeitserleben ist. Und wie wichtig Kompetenz- und Ressourcenerleben für die Entwicklung von Selbstwirksamkeitserwartung ist. Viel zu oft wird noch aus guten Absichten heraus den Schüler:innen vor Augen geführt, dass sie noch Defizite haben. Das ist an sich nicht schädlich, sondern kann durchaus Orientierung geben. Aber nur, wenn unmittelbar danach korrigierende Erfahrungen von Kompetenz gemacht werden. Wie das funktionieren kann, schauen wir uns im nächsten Abschnitt an. Aber allein das Wissen aller Akteure um diese Zusammenhänge ermöglicht es, gemeinsam Lernprozesse zu reflektieren und gemeinsam Lernprozesse zu gestalten, so dass (1) entweder am Ende die eigene Kompetenz erlebt wird oder dass (2) eine berechtigte Hoffnung besteht, die Herausforderung bewältigen zu können. Dieser zweite Aspekt ist wichtig, weil Lernen manchmal Geduld erfordert. Und wenn ich es heute nicht verstehe, dann muss ich zuversichtlich sein dürfen, dass es morgen oder übermorgen gelingt. Ebenfalls im nächsten Abschnitt wird es darum gehen, wie Sie zusammen mit Ihrer Lerngruppe diese Form der Geduld kultivieren können.

Lassen Sie uns noch einen Blick darauf werfen, wo wir die hier beschriebene Dynamik in der Schule beobachten können und welche Auswirkung sie auf das Lernklima hat. Das Erleben von Hilflosigkeit bezogen auf schulische Aufgaben kann in zwei Richtungen wirken, die beide schädlich für das Klima sind. Erstens kann eine generelle Angst vor Fehlern und vor Misserfolgen dazu führen, dass die Lerngruppe ganz still und lethargisch wird (zumindest bezogen auf den Unterricht). Kreativität und Lebendigkeit vermissen Sie in solchen Gruppen. Umgekehrt kann es ein Indiz für wenig Selbstwirksamkeitserwartung und wenig Kompetenz- und Ressourcenerleben sein, wenn Sie das Gefühl haben, dass die Kommunikation in einer Klasse zäh wie ein Kaugummi ist. Zweitens kann das Erleben der eigenen Insuffizienz und das Erwarten, die Aufgaben nicht bewältigen zu können (fehlende Kompetenzerwartung), zu Unruhe und zu Störungen führen. Aus der Sicht der betroffenen Schüler:innen lohnt es nicht, sich anzustrengen, da sowieso keine Erfolge erwartet werden.

Lassen Sie uns jetzt die Perspektive wechseln und annehmen, dass es ein Zeichen von Kompetenz ist, wenn diese Schüler:innen angesichts dieser Erwartungen die Aufgaben und den Unterricht abwerten. Denn auf diese Weise erleben sie keine Selbstabwertung und sie verausgaben sich nicht für hoffnungslose Aufgaben. Unglücklicherweise führt das zu Problemen, die an vielen Schulen zu beobachten sind. Wir werden im Kapitel 8, wenn wir uns mit Störungen beschäftigen, den Aspekt noch vertiefen, dass aus Schüler:innen-Sicht das Störverhalten meistens sinnvoll und oft sogar hochkompetent ist (obwohl es den Unterricht stört). Beide Fälle – Lethargie und viele Störungen – könnten ein Indikator für erlebte bzw. erwartete Hilflosigkeit sein. Es sind dann Maßnahmen indiziert, die das Kompetenzerleben und die Selbstwirksamkeitserwartung erhöhen.

2.3 Was Sie tun können, damit Schüler:innen Kompetenz und Selbstwirksamkeit anstelle von Hilflosigkeit erlernen und erleben

Wenn Schüler:innen Misserfolge internal und stabil attribuieren (»Ich kann es halt nicht!«; »Dazu bin ich nicht schlau genug!« etc.) und gleichzeitig Erfolge external attribuieren (»Da habe ich einfach mal Glück gehabt«; »Das war Zufall!« etc.), dann ist das ungünstig für zukünftige Leistungen, für die mentale Gesundheit und erhöht die Wahrscheinlichkeit, dass

Schüler:innen Hilflosigkeit erlernen (Sorrenti u. a., 2019). Das Gegenteil davon ist Selbstwirksamkeit. Diese kann gezielt gefördert werden. Das Fördern von Selbstwirksamkeitserwartungen hat nicht nur einen Einfluss auf die Leistungen von Schüler:innen. Spannenderweise fand eine Forschergruppe um Sara Manganelli, dass das Klassenklima erstens die Selbstwirksamkeitserwartung positiv beeinflusst und dass diese sich zweitens günstig auf die Entwicklung von Zivilcourage und zivilem Engagement auswirkt (Manganelli u. a., 2015). Insgesamt scheint ein gutes sozial-emotionales Klassenklima günstige Effekte auf die Entwicklung von Selbstwirksamkeitserwartung zu haben (Hong u. a., 2021). Wie lässt sich das im Classroom Management nutzen?

2.3.1 *Erfolge planen*

Das Erleben von Erfolgen wirkt sich potenziell günstig auf die Entwicklung von Selbstwirksamkeitserwartungen aus. Zudem hat es einen positiven Einfluss auf das Klassenklima, wenn sich viele Schüler:innen oder sogar die ganze Klasse häufig als erfolgreich erlebt. Allerdings scheint externale Attribuierung von Erfolgen (s. o.) dazu zu führen, dass einige Schüler:innen tatsächliche Erfolge gar nicht als eigene Erfolge verbuchen können. Und in der Folge haben diese Erfolge sehr wahrscheinliche kaum Auswirkungen auf deren Selbstwirksamkeitserwartungen und auf das Klassenklima, wenn es mehrere Schüler:innen betrifft. Zudem scheint das Erleben von Erfolgen auch von den Leistungen der Schüler:innen abzuhängen, und diese lassen sich mitunter schlecht allein durch die Lehrer:innen beeinflussen – oder vielleicht doch?

Planen Sie gemeinsam mit der Klasse und mit einzelnen Schüler:innen Erfolge. Das wirkt sich auf das Klassenklima, das Engagement der Schüler:innen und deren Leistungsbereitschaft aus. Sie können Aktionen und Projekte so planen, dass Erfolg erlebbar wird. Sie können aber auch Schüler:innen so beraten, dass diese Schritt für Schritt Erfolge erleben. Beides verändert auch Ihre Rolle als Lehrer:in. Sie werden vom »Pauker« zum Coach. Bevor wir uns das im Einzelnen genauer ansehen, lassen Sie uns noch einen kurzen Blick auf den psychologischen Mechanismus werfen, der sich hinter der Idee des geplanten Erfolgs verbirgt.

Beginnen wir mit einem Gedankenexperiment: Stellen Sie sich bitte einmal vor, Sie planen, den Tee aus einer Kanne in eine Tasse zu gießen, und führen diese Aktion dann planmäßig aus. Was werden Sie antworten, wenn Ihnen jemand die Frage stellt, warum in der Tasse Tee ist? Wahrscheinlich werden Sie sagen: »Der Tee ist in der Tasse, weil ich ihn hineingegossen habe.« Klingt trivial, oder? Übertragen wir das Gedankenexperiment auf einen anderen Kontext.

Ein Schüler, der sonst nur Fünfen schreibt, schreibt zum ersten Mal eine Drei. Wenn dieser Schüler seine Erfolge jedoch external und seine Misserfolge internal attribuiert, wird er die Drei als Glück oder als Zufall abtun. Er erlebt sich nicht als Urheber seines Erfolges. Und hier kommt das Planen des Erfolgs ins Spiel. Erlebt dieser Schüler Schritt für Schritt, dass er selbst durch planmäßiges Handeln seine Ergebnisse verbessert, wird es ihm leichter fallen, den Erfolg als Resultat seiner Planung und seiner Handlung zu verbuchen. Ganz ähnlich, wie Sie die Tatsache, dass Tee in Ihrer Tasse ist, ganz selbstverständlich darauf zurückführen, dass Sie sich Tee einschenken wollten und dies schließlich auch getan haben. Vielleicht denken Sie jetzt, dass das Einschenken von Tee und das Planen von Erfolgen in Mathe oder anderen Fächern grundsätzlich verschieden sind. Auf der einen Seite haben Sie recht. Andererseits hat Irmgard Niemierski bereits 1977 zeigen können, dass das erfolgreiche Setzen und Erreichen von Zielen im Sportunterricht die Meldehäufigkeit in anderen Fächern günstig beeinflusst.

Übertragen könnte das bedeuten: Planen Sie mit der Lerngruppe Projekte oder Aktionen, setzen Sie diese um und reflektieren Sie gemeinsam die Ergebnisse bzw. Erfolge. Hier sollten Sie konsequent den Fokus auf die Urheberschaft lenken. Mit Fragen wie »Was hast du zum gemeinsamen Erfolg beigetragen?« können Sie die Aufmerksamkeit der Schüler:innen gezielt auf den eigenen Anteil lenken und somit das internale Zuschreiben von Erfolgen begünstigen. Hier scheinen zwei Faktoren eine wesentliche Rolle zu spielen: Erstens begünstigt das explizite Planen von erfolgreichem Handeln die Wahrscheinlichkeit, dass man sich selbst als Urheber begreift (denken Sie an das Gedankenexperiment mit der Tasse Tee). Zweitens brauchen Veränderungen Zeit. Schüler:innen, die es gewohnt sind, Erfolge dem Zufall zuzuschreiben (externale Attribuierung von Erfolgen), müssen nach und nach umlernen, dass sie sich ihren eigenen Anteil am Gelingen bewusst machen und diesen auch entsprechend mental verbuchen. Das begünstigen Sie durch die konsequenten Reflexionen. Auf diese Weise können Sie die Schüler:innen daran gewöhnen, Erfolge internal zu verbuchen.

Welche Projekte eignen sich? Alle Projekte, an denen die Schüler:innen Interesse haben, sind grundsätzlich gut geeignet. Hier müssen Sie weniger Motivationsarbeit leisten. Allerdings eignet sich für das Planen von Erfolgen auch der Aufbau von wünschenswertem Verhalten (s. Kapitel 6). Sie werden sehen, dass das Verabreden, Planen, Aufbauen und Etablieren von wünschenswerten Verhaltensweisen günstige Effekte auf die Selbstwirksamkeit und auf das Klassenklima haben.

Reflexionsimpuls
Die meisten Menschen kennen das oben beschriebene Phänomen: Wenn sie sich als Urheber einer Handlung sehen und diese zu Erfolgserleben führt, wächst das Vertrauen in die eigenen Kompetenzen – die Selbstwirksamkeitserwartung steigt. Und die meisten Menschen erleben es auch, dass diese Steigerung der Selbstwirksamkeitserwartung sich günstig auf andere Bereiche auswirkt.

Aber nicht jede erfolgreiche Handlung ist dafür geeignet, Kompetenzerleben auszulösen. Denken Sie daran, wie oft Sie erfolgreich eine Scheibe Brot geschmiert haben, ohne sich dabei besonders kompetent zu fühlen. Aber auch Handlungen, die prinzipiell geeignet wären, Kompetenzgefühle auszulösen, gehen vielfach im Trubel des Alltags unter oder werden als Selbstverständlichkeit abgetan. Finden Sie einmal drei Dinge, die Ihnen in der letzten Zeit so gut gelungen sind, dass Sie darauf stolz sein könnten, es aber im Gefecht des Alltags nicht waren.

Wo haben Sie es schon einmal erlebt, dass erfolgreiche Handlungen Ihr Kompetenzerleben gefördert haben? Was braucht es, damit eine erfolgreiche Handlung Ihr Vertrauen in Ihre Kompetenzen stärkt? Was könnte dazu führen, dass das Gefühl von Kompetenzerleben reduziert wird?

Übertragen Sie Ihre Erfahrungen nun auf Ihre Schüler:innen: Was könnte deren Kompetenzerleben fördern? Was reduzieren? Was könnten günstige Kommunikationsmuster und Settings sein, die Sie als Lehrer:in selbst steuern können? (Achtung: Es gibt hier nicht die eine richtige Antwort, sondern es hängt zu einem Teil von der Lerngruppe und Ihrer Beziehung zur Lerngruppe ab.)

Sie können aber auch Schüler:innen direkt dabei unterstützen, unterrichtsbezogene Leistungen zu verbessern und die daraus resultierenden Erfolge internal zu attribuieren. Das Prinzip »Erfolge planen« können Sie gut mit Nutzen der individuellen Bezugsnorm (s. Kapitel 2.3.2) kombinieren.

2.3.2 *Bezugsnormorientierung schlau nutzen*

Eine langfristige Strategie, um Hilf- und Hoffnungslosigkeit zu vermeiden und Selbstwirksamkeit wie auch Kompetenzerleben zu aktivieren, liegt in der Bewertung von Schüler:innen. Die Bewertung kann generell an sozialen, an kriterialen und an individuellen Bezugsnormen erfolgen (Schöne u.a., 2003). Wer sich bei der Bewertung eher an einer *sozialen Bezugsnorm* orientiert, vergleicht die Leistungen der Schüler:innen untereinander und bewertet sie anhand dieses Vergleichs. Der Nachteil dieses Vorgehens besteht darin, dass es zwingend Verlierer geben muss. Zudem schneiden Schüler:innen, die nicht sehr leistungsstark sind, in leistungsstarken Klassen vergleichsweise schlechter ab als in Klassen, die weniger leistungsstark sind. Beides kann das Hilflosigkeitserleben fördern.

Die *kriteriale Bezugsnorm* orientiert sich an zuvor definierten Kriterien und prüft dann ab, wie viele von diesen Kriterien erreicht wurden. Die Vorteile sind, dass Schüler:innen unabhängig von den Leistungen der Mitschüler:innen bewertet werden und dass sie, ihre Eltern und die Lehrer:innen ein »objektives« Feedback bekommen, wie viel des zu lernenden Stoffes sie gelernt oder verstanden haben (bzw. in der Prüfung performen konnten). Der Nachteil besteht darin, dass gerade Schüler:innen, die schlechte Leistungen bringen und wenig Aussicht auf Verbesserung haben, mit großer Wahrscheinlichkeit resignieren. Ein typisches Beispiel ist eine Schülerin mit 40 Fehlern und der Note 6 im Diktat. Sie wird sich kaum um eine Note verbessern können, selbst wenn sie nur noch 30 Fehler macht.

Die *individuelle Bezugsnorm* berücksichtigt die individuelle »Baseline« der Schüler:innen und meldet anhand dieser Verbesserungen oder Verschlechterungen zurück. Der Vorteil wird deutlich, wenn man sich das obengenannte Beispiel vor

Augen führt. Die Verbesserung von 40 auf 30 Fehler kann hier gewürdigt werden. Der Nachteil ist ebenfalls offensichtlich: Würden Sie nur die individuelle Veränderung bewerten, hätte die Note keine Aussagekraft über den »objektiven« Leistungsstand der Schüler:innen. Wie können Sie dieses Dilemma auflösen?

Naheliegend wäre, die Schüler:innen nach kriterialen Bezugsnormen zu bewerten und ihnen individuell eine Rückmeldung zu geben. In der Praxis hat das aber oft einen Beigeschmack à la: »In Wirklichkeit bin ich schlecht und schaffe es auch nicht, mich zu verbessern. Aber meine Lehrerin will mich trösten, indem sie mir zeigt, wo ich mich verbessert habe. Aber was ist das schon wert?« Allerdings verrät eine solche Aussage, wenn man sie genau betrachtet, worin das Problem besteht. Und daraus lässt sich eine Lösung ableiten, die in der Praxis gut funktioniert, wenn sie sorgfältig etabliert wird. Eine solche Aussage verrät, dass der Schüler:in die Note wichtiger ist als die individuelle Rückmeldung. Intuitiv werden die meisten sagen: »Das ist doch ganz verständlich, die Note ist auch wichtiger!« Allerdings scheint hier eine Haltung der Lehrer:in entscheidend zu sein. Lintorf und Buch (2020) konnten beispielsweise schon bei Lehramtsstudierenden zeigen, dass die meisten von ihnen nicht intuitiv zur individuellen Bezugsnorm neigen, sondern nur, wenn sie dies bewusst intendieren. Erschreckenderweise tendieren viele intuitiv sogar zur sozialen Bezugsnorm. Grundsätzlich finden sich Hinweise darauf, dass sich die Orientierung an fachlich-kriterialen Bezugsnormen positiv auf das Fähigkeitsselbstkonzept von Schüler:innen im Naturwissenschaftsunterricht auswirkt (Atzert u. a., 2020). Die Orientierung an einer fachlich-kriterialen Bezugsnorm scheint sich somit günstig auf das Kompetenzerleben auszuwirken. Und ganz nebenbei: Die Anzahl der Fehler im Diktat ist ja auch ein fachlich objektiver Maßstab – und damit auch die Verbesserung von 40 auf 30 Fehler. Sind jedoch die Stufen – wie im Falle der Schulnoten – für einige wie »tiefe Schubladen«, aus denen sie nicht mehr herauskommen, wird sich das ungünstig auf das Kompetenzerleben auswirken. Allerdings haben Sie i. d. R. keinen Einfluss darauf, nach welchem Notensystem Sie beurteilen müssen.

Lassen Sie uns einmal ein – wirklichkeitsfremdes – Gedankenexperiment machen (das nur ein Prinzip veranschaulichen soll). Wir bleiben einfachheitshalber beim Diktat. Stellen Sie sich bitte einmal vor, eine ganze Generation von Schüler:innen würde von der ersten Klasse an lernen und erfahren, dass sie für die Diktate zwar Noten bekommen, dass es aber viel wichtiger ist, dass Sie sich kontinuierlich in ihrer Rechtschreibung verbessern und nicht in den Noten. Die Noten wären nur Beiwerk. Und eine Verbesserung in der Rechtschreibung könnte bedeuten: Mehr Wörter richtig geschrieben. Stellen wir uns weiter vor, diese Kinder (und später Jugendlichen) würden nicht von ihren Eltern wegen der Bedeutung der Noten irritiert werden und würden auch keine Vergleiche untereinander anstellen (was tatsächlich unrealistisch ist). Wie würde sich das Kompetenzerleben und die Motivation dieser Schüler:innen wohl entwickeln, wenn Sie hin und wieder sehen, dass sie mehr Wörter richtig schreiben und immer mal wieder die freudige Rückmeldung ihrer Lehrer:in und ihrer Eltern bekommen, wenn es einen Fortschritt gab? Vermutlich würden auch Schüler:innen, die tendenziell eher rechtschreibschwach sind, mit mehr Motivation an das Erlernen der Rechtschreibung herangehen und dabei mehr Kompetenz erleben, als wenn sie stets die Rückmeldung bekämen, nicht zu genügen, obwohl sie ganz bestimmt Fortschritte machen. Denn auch die »schlechten Rechtschreiber:innen« der fünften Klasse können in der Regel mehr Worte richtig schreiben als Erst- oder Zweitklässler:innen.

Exkurs: Belohnungsvorhersagefehler und Dopaminforschung
Übrigens scheint es für die Motivation ausgesprochen wichtig zu sein, dass es nicht immer einen Fortschritt gibt, den die Schüler:innen zurückgemeldet bekommen. Aus der Dopaminforschung wissen wir, dass Dopamin, das u. a. für Motivation verantwortlich ist, dann ausgeschüttet wird, wenn es zu einem Belohnungsvorhersagefehler kommt (Nasser u. a., 2017). Das bedeutet: Nur wenn das tatsächliche Resultat besser ist als erwartet, kommt es zu einer Dopaminausschüttung.

Ist es für die Schüler:in erwartbar, dass es eine Verbesserung geben wird, weil es die immer gibt, wäre es langweilig. Für die Schule könnte das bedeuten, dass kleine Hürden und deren Überwindung zu mehr Motivation und zu mehr Kompetenzerleben bzw. Selbstwirksamkeitserwartung führen. Selbstwirksamkeitserwartung ist übrigens der Glaube, aus eigenen Kräften Hürden überwinden zu können, um Ziele zu erreichen (Bandura, 1997).

Das oben beschriebene Gedankenexperiment ist fernab jeder Schulrealität. Aber trotzdem können wir daraus und aus dem Wissen um den Belohnungsvorhersagefehler ein praxistaugliches Vorgehen ableiten: Wir können zu einer wachstumsorientierten Haltung einladen, diese fördern und etablieren. Das bedeutet, dass wir uns und die Schüler:innen konsequent darin trainieren, mehr Freude am Wachsen und am Fortschritt unserer Kompetenzentwicklung zu erleben als an Bewertungen und Leistungen. Es bedeutet, dass wir mehr Freude daran kultivieren, Inhalte zu ergründen, als Noten zu bekommen. Denn eine solche Haltung bereitet besser auf das Leben vor als die meisten Inhalte der Fächer. Sie ist die Grundlage für lebenslanges Lernen (Claro u. a., 2016). Und bevor wir uns ansehen, wie das im Alltag einer ganz normalen Schule gelingen kann, möchte ich Sie einmal einladen, sich ehrlich folgende Frage zu beantworten: Unter welchen Umständen lernen Sie gerne? In welchen Bereichen können Sie Ihren Schüler:innen ein gutes Modell für lustvolles Lernen sein?[2] Wie können Sie dies sichtbar machen, so dass Ihre Schüler:innen von Ihnen als Modell profitieren?

2.4 Interventionen zur Überwindung erlernter Hilflosigkeit

Erlernte Hilflosigkeit geht mit der festen Überzeugung einher, etwas nicht bewältigen zu können. Diese Überzeugung wird als so sicher erlebt, dass man sie als wahr betrachtet. Hat beispielsweise eine Schülerin die Überzeugung, Mathe nicht zu können, dann wird sie sich nicht bemühen, es doch noch zu verstehen. Aus ihrer Sicht ist das eine folgerichtige Konsequenz, denn wozu sollte man Energie in etwas stecken, das ohnehin keine Aussicht auf Erfolg hat. Sie als Lehrer:in haben allerdings die Aufgabe, diese Schülerin doch noch dazu zu motivieren, sich mit Mathe auseinanderzusetzen, und ihr Mut zu machen[3]. Wie kann das gelingen?

Kognitiv orientierte Psychotherapeuten machen hier Anleihen bei dem Philosophen Sokrates. Dieser hat seine Mitmenschen durch geschicktes Fragen dazu gebracht, dass sie all das,

2 In meiner Arbeit mit Lehrer:innen sage ich mit einem Augenzwinkern an dieser Stelle immer: »Wenn Sie an dieser Stelle nicht vor Ideen überschäumen, was Sie wirklich lustvoll lernen, dann erdreisten Sie sich bitte nicht, von Ihren Schüler:innen zu erwarten, dass sie überhaupt lernen!« Und Sie wissen, jeder Scherz hat auch ein Körnchen Wahrheit.

3 Manchmal sind Schüler:innen, die Hilf- und Hoffnungslosigkeit tief internalisiert haben, so überzeugend, dass wir Erwachsenen fast auch zu glauben beginnen, dass es bei dieser Schüler:in eigentlich keinen Sinn mehr hat. Lassen Sie sich hier nicht ins Bockshorn jagen.

von dem sie glaubten, es wären sichere Tatsachen, anzweifeln mussten. Die *Sokratische Gesprächsführung* zielt darauf ab, die punktuell sicher geglaubte Annahme (z. B. »Ich kann kein Mathe«) effektiv in Frage zu stellen. Im Klinischen Classroom Management eignet sich diese Intervention besonders bei Schüler:innen, die unter Depression leiden (Eckert, 2022). Die folgende Darstellung ist meinem Buch *Umgang mit psychischen Störungen im Unterricht. Klinisches Classroom Management* entlehnt und wird hier gekürzt wiedergegeben.

Die Schwierigkeit so fester Überzeugungen besteht typischerweise darin, »dass sie argumentativ schwer auszuhebeln sind. Typischerweise scheint man, wenn man dagegen argumentiert, diese Sichtweise zu stärken. Die betroffene Person scheint ihre Sicht dann noch verteidigen zu müssen. […] Wesentlich effektiver als ein Gegenargumentieren hat sich die Sokratische Gesprächsführung erwiesen. Die Classroom-Intervention Sokratische Gesprächsführung macht diesen Ansatz aus der kognitiven Therapie für das Classroom Management nutzbar.« (Eckert, 2022, 142)

Die aus zwei Schritten bestehende Intervention beginnt mit der *hedonistischen Disputation* und geht dann in *empirische Prüfung* über. Der erste Schritt, die hedonistische Disputation, zielt auf die Motivation der Schüler:in ab, die Hilflosigkeit (oder andere ungünstige und einschränkende Glaubenssätze) zu überwinden. In der kognitiven Therapie wird dieser Schritt sehr viel »tiefer« durchgeführt als im Klinischen Classroom Management. Hier reicht es vielfach zu fragen: »Stell dir vor, ich könnte zaubern und ich wäre in der Lage, dir ein umfassendes Verständnis von Mathe in den Kopf zu zaubern. Das würde dazu führen, dass du diese Aufgabe ohne Probleme verstehst. Würdest du es überhaupt wollen?« Meistens wollen die Schüler:innen das. Wenn sie es nicht wollen, dann liegt es nicht allein an der erlernten Hilflosigkeit. Andere Gründe können vielfältig sein. Beispiele wären psychologische Reaktanz (Widerstand), wenig erlebte Sinnhaftigkeit, die Erwartung, dadurch bei Peers in Misskredit zu geraten etc. In diesen Fällen wären andere Strategien notwendig. Wir fokussieren uns hier auf die Annahme, die Schüler:in würde prinzipiell Mathe verstehen wollen, glaubt aber nicht, dass sie es kann. Die hedonistische Disputation, also in diesem Fall die Klärung der Motivation, ist insofern wichtig, als normalerweise die erwartete Hilflosigkeit einen direkten Einfluss auf die Motivation hat. Durch diesen Schritt wird der Wunsch, es eigentlich zu können, von der Erwartung, es zu können, abgetrennt. Dabei hilft die Verwendung des Konjunktivs und einer sichtbar unrealistischen Vorannahme (»Stell dir vor, ich könnte zaubern …«).

Im zweiten Schritt, der empirischen Prüfung, wird dann die einschränkende Überzeugung der Schüler:in hinterfragt. Das gelingt vielfach dadurch, dass man Ausnahmen findet und somit die Allgemeingültigkeit der Überzeugung in Frage stellt. Danach können die Bedingungen identifiziert werden, die diese Ausnahme ermöglicht haben. Im Beispiel einer Achtklässlerin könnten Sie zuerst fragen, seit wann sie denn weiß, dass sie kein Mathe kann. In den meisten Fällen antworten Schüler:innen: ab der ersten Klasse. Danach stellen Sie einfach Grundschulaufgaben wie: »Was ergibt drei mal drei?« In der Regel wissen alle sehr schnell eine Antwort auf diese Frage. Damit können Sie die Allgemeingültigkeit der Aussage »Ich wusste schon immer, dass ich kein Mathe kann« in Frage stellen. Typischerweise antwortet die Schülerin: »Aber das ist doch Baby-Kram, das hatten wir doch in der Grundschule.« Nun könnten Sie antworten: »Das heißt also, in der Grundschule fielen dir diese Aufgaben sehr leicht?« Meistens ist das nicht der Fall. Und nun können Sie gemeinsam beginnen, Gelingensfaktoren zu suchen. Wie kommt es, dass die Schülerin trotzdem diese Aufgabe gelernt hat? Vielfach arbeiten die Schüler:innen heraus, dass sie etwas mehr Zeit als andere für Mathe brauchen, dass sie Geduld mit sich brauchen usw. Nun können Sie die Frage stellen, was die Schüler:in heute benötigt, um die Aufgabe anzugehen und zu verstehen. Sie können auch fragen, ob die Schüler:in sich – auch wenn es schwer ist – darauf einlassen möchte, diese Aufgabe anzugehen und irgendwann zu verstehen, so wie sie auch das kleine Einmaleins irgendwann verstanden hat.

Spielen Sie diese beispielhafte Szene mit den Bildern, mit den Schüler:innen, die Sie in Ihrem Kopf haben, durch. Passen Sie die Fragen an und variieren Sie kreativ. Verlieren Sie aber eine wohlwollende und ermutigende Haltung nicht aus dem Blick. Es geht – anders als bei der historischen Figur Sokrates – nicht darum, den Schüler:innen zu beweisen, dass sie nichts wissen, sondern vielmehr darum, ihnen Türen, Möglichkeiten und hilfreichere Einsichten zu eröffnen.

Zusatzmaterial
Unter *www.apollon-hochschule.de/schulpsychologie* finden Sie eine kleine Videovignette, in der dieses Vorgehen illustriert wird.

3 Die Selbstbestimmungstheorie und ihre Implikationen für das Classroom Management

Die Selbstbestimmungstheorie von Deci und Ryan (1985) identifiziert drei Faktoren, die sich günstig auf die Motivation von Menschen auswirken. Diese Faktoren sind (1) Autonomieerleben, (2) Kompetenzerleben und (3) das Erleben sozialer Eingebundenheit. Alle drei Faktoren spielen im Classroom Management eine wichtige Rolle (Taylor u. a., 2014). Werden sie verletzt, kann das zu psychologischen Widerständen oder zur »inneren Kündigung« führen.

In diesem Kapitel betrachten wir eingehender das Autonomiebedürfnis und die Implikationen für die Schulpraxis (Kapitel 3.1). Danach schauen wir uns an, wie man durch Classroom Management das Kompetenzerleben fördern kann – selbst im Scheitern (Kapitel 3.2). Einen guten Rahmen für das Erleben von Kompetenz und für das Erleben von sinnstiftendem Handlungsspielraum (Autonomie) bietet erst ein sozialer Bezugsrahmen – also das Erleben sozialer Einbindung. Diese fokussieren wir in Kapitel 3.3.

3.1 Autonomieerleben fördern

Reflexionsimpuls: Das Bedürfnis nach Autonomie
Stellen Sie sich bitte einmal vor, Ihre Schulleiter:in würde ab sofort nachkontrollieren, ob Sie Ihrem Hobby auch regelmäßig und gewissenhaft nachgehen. Welche Auswirkungen hätte das auf Ihre Motivation? Und auf die Beziehung zu Ihrer Schulleitung?

In den meisten Fällen wirkt eine solche Einschränkung der Autonomie ungünstig auf die Motivation und hat oftmals auch noch einen negativen Einfluss auf die Beziehungsqualität. Und interessanterweise trübt sich die Motivation bei vielen Menschen sogar dann ein, wenn es um Aktivitäten geht, die sie wirklich gerne machen. Auf das Verletzen von Autonomie reagieren die meisten Menschen empfindlich. Umgekehrt kann das Erleben von Autonomie motivationsfördernd wirken. Das gilt auch im Klassenzimmer im Unterricht. Wie also lässt sich Unterricht so gestalten, dass mehr Autonomieerleben ermöglicht und weniger psychologischer Widerstand erzeugt wird?

Diese Frage ist besonders interessant, weil die Aufgaben, die die Schüler:innen erledigen sollen, in der Regel nicht vollkommen freiwillig sind. Nicht alle Schüler:innen würden sich aus freien Stücken für die Erledigung aller Aufgaben entscheiden. Oder schon die Auseinandersetzung mit den Unterrichtsthemen (man denke z. B. an die binomischen Formeln) würde nicht bei allen Schüler:innen sichergestellt sein, würde man vollständig auf das Prinzip Freiwilligkeit setzen. Allerdings lässt sich dieses scheinbare Dilemma recht schnell lösen.

Eine Reihe von Studien zeigen, dass das Übernehmen von Verantwortung, gepaart mit dem Gewähren respektive Erleben von Autonomie, den entscheidenden motivationalen Vorteil bringt (Han & Hong, 2019). Auf die Schule bezogen hieße das: Übernähmen die Schüler:innen die Verantwortung für ihren Lernprozess und die Lernatmosphäre im Klassenzimmer, würde das Erleben von Autonomie diese Prozesse begünstigen. Damit sind wir einen Schritt näher an der Auflösung dieses Dilemmas. Es braucht also keine absolute Freiheit und Freiwilligkeit. Die Schule bzw. der Unterricht setzt nach wie vor einen Rahmen, der erstens Orientierung bietet und zweitens die Übernahme von Verantwortung überhaupt erst möglich macht. Eine Schüler:in kann erst verantwortungsvoll ihren eigenen Lernprozess planen und gestalten, wenn es

Lernziele gibt, die erreicht werden sollten. Und an dieser Stelle begünstigt Verbindlichkeit den Prozess. Nun stellen Sie sich möglicherweise zwei wichtige Fragen:

1. Wie kann es gelingen, dass die Schüler:innen tatsächlich Verantwortung für ihren Lernprozess übernehmen? (Vielfach machen Lehrer:innen genau die gegenteilige Erfahrung mit Schüler:innen: nämlich, dass diese keine Verantwortung für ihren Lernprozess übernehmen.)
2. Wie können Verbindlichkeit und Autonomie in der Praxis gut balanciert werden – und wie die Balance sichergestellt werden?

Um die beiden Fragen zu beantworten, schauen wir uns zunächst das Zusammenspiel von Autonomie mit Kompetenzerleben (Kapitel 3.2) und mit dem Erleben sozialer Einbindung (Kapitel 3.3) an. Danach wird es um die Frage von Zielsetzung gehen.

Reflexionsimpuls

Werden (Haus-)Aufgaben nicht »kontrolliert«, kann das Gefühl entstehen, dass es beliebig ist, ob sie erledigt werden. Allerdings schränkt die Kontrolle nicht nur das Autonomiegefühl ein, sondern ist vielfach bei Lehrer:innen wie bei Schüler:innen negativ besetzt (Kohler, 2019). Um einerseits der Gefahr der Unverbindlichkeit und andererseits der Gefahr der Reaktanz oder Verantwortungsabgabe durch Kontrolle zu entgehen, schlägt Britta Kohler (2019) vor, statt von Kontrolle (in Bezug auf Hausaufgaben) von Anerkennung zu sprechen – und es auch auf diese Weise ehrlich anerkennend und würdigend zu meinen. Wie würde es aussehen, wenn Sie diese Form der Anerkennung umsetzen? Wo tun Sie es bereits? Welche Entwicklungsimpulse kommen Ihnen in den Sinn?

3.2 Fokus auf das Kompetenzerleben – auch im Scheitern

Das Erleben von Kompetenz wirkt förderlich auf die Motivation. Besonders beim selbstorganisierten Lernen scheint die wahrgenommene Kompetenz eine entscheidende Rolle zu spielen (Chiviacowsky u. a., 2012). Erleben die Schüler:innen sich als kompetent, werden sie sich mit größerer Wahrscheinlichkeit auch Ziele setzen, die sie verantwortungsvoll erreichen. Deswegen schauen wir uns in diesem Kapitel an, wie sich das Kompetenzerleben positiv beeinflussen lässt. Dabei betrachten wir auch das »Scheitern«. Denn Schüler:innen können und müssen Scheitern erleben dürfen, um daran wachsen zu können. Wie aber gelingt es, beim Scheitern den Fokus auf den Kompetenzerwerb zu legen – und nicht am Gefühl des Scheiterns »hängenzubleiben«?

Zunächst sollten wir uns klarmachen, dass Kompetenzerleben mehr ist als nur die Gewissheit, etwas zu schaffen. Die meisten Menschen schaffen es, sich morgens unfallfrei ihre eigenen Socken anzuziehen. Bei den wenigsten löst diese Erfahrung Kompetenzgefühle aus. Kompetenzerleben entsteht, wenn man im Vergleich zu vorherigen Leistungen sich verbessert, besser ist, als man erwartet, oder man im Vergleich zu anderen gut abschneidet. Dabei ist es hilfreich, wenn die Verbesserungen als relevant wahrgenommen werden. Und das wiederum wird u. a. von dem sozialen Bezugsrahmen beeinflusst (soziale Einbindung).

Wie können Sie das Kompetenzerleben von Schüler:innen unterstützen? Und wie kann aus Scheitern Kompetenzerleben werden? Vorab möchte ich die Erwartungen ein wenig dämmen, dass es eine Methode gäbe, mit der misserfolgsorientierte Schüler:innen (oder solche, die Hilflosigkeit internalisiert haben) augenblicklich und unter Garantie ihre Kompetenz erleben. Manchmal braucht es etwas Zeit und vor allem Geduld. Aber manchmal geht es auch überraschend schnell.

In Kapitel 2 haben Sie bereits einige Strategien wie das Planen von Erfolgen (Kapitel 2.3.1), das Orientieren an einer individuellen Bezugsnorm (Kapitel 2.3.2) oder die Sokratische Gesprächsführung (Kapitel 2.4) kennengelernt. In diesem Abschnitt fokussieren wir direkt auf das Kompetenzerleben.

3.2.1 Den mentalen Suchscheinwerfer auf Kompetenzen richten

Wir alle kennen das Phänomen, dass uns, wenn wir gerade ärgerlich sind, mehr ärgerliche Dinge auf- und einfallen. Wer gerade verliebt und im siebten Himmel ist, der sieht die ganze Welt rosarot. Diese Liste könnte man noch sehr lange fortsetzen. Es gibt viele Beispiele für die *assoziative Aktivierung* bzw. für das *Priming*, wie diese Form der mentalen Aktivierung genannt wird. Indem man bestimmte mentale Reize verarbeitet, werden entsprechende neuronale Netzwerke aktiviert, die mit diesen Reizen verknüpft sind. Dadurch wird unsere nachfolgende Wahrnehmung und Informationsverarbeitung beeinflusst.

Aus Kindertagen ist den meisten noch folgendes Phänomen bekannt: Wenn man eine Zeitlang »Weiß, weiß, weiß, weiß usw.« sagt, dann antwortet man auf die Frage, was eine Kuh trinkt, fälschlicherweise mit »Milch«. Hier wird sowohl durch das Wiederholen der Farbe Weiß als auch durch die mentale Verknüpfung von Kuh und Milch diese falsche, aber lustige Antwort gebahnt.

Können wir auch Kompetenzerleben durch Vorinformationen aktivieren? Die gute Nachricht lautet: Es funktioniert (Wang u. a., 2017). Die Forscher Jochim Hansen und Michaela Wänke (2009) zeigten beispielsweise Probanden Bilder, die mit Kompetenz assoziiert waren (z.B. Athleten). Danach brachten die Probanden bessere sportliche Leistung. Die beiden Wissenschaftler untersuchten auch, warum das so war: Das Zeigen der Athleten-Bilder aktiviert Stereotype, die mit sportlichem Erfolg verknüpft sind. Und das wiederum lässt die Selbstwirksamkeitserwartung ansteigen. Interessant, oder?

Alltagsexperiment

Probieren Sie es selbst einmal aus. Berichten Sie sich selbst oder einer Person Ihres Vertrauens von Erfolgen, die Sie als Lehrer:in hatten. Wie ist es Ihnen gelungen, Problem X zu lösen? Wie haben Sie schon einmal mit einer schwierigen Schüler:in einen guten Weg gefunden? Und so weiter …

Was passiert, wenn Sie sich all diese Erfolge bewusst machen? Was würde sich verändern, wenn Sie sich mit einer Kolleg:in verabreden, sich gegenseitig eine Woche lang jeden Tag nach Unterrichtsschluss alle Erfolge des Tages – kleine und große – zu berichten?

Wenn Sie Schüler:innen dazu einladen, regelmäßig Kompetenzerfahrungen öffentlich zu reflektieren, aktivieren Sie auf diese Weise entsprechende Wahrnehmungs- und Verarbeitungsmuster (assoziative Aktivierung). Damit steigt die Wahrscheinlichkeit, dass die Schüler:innen ihren Fokus eher auf Kompetenzerleben ausrichten. Abhängig von der Lerngruppe und von anderen Bedingungen können Sie dies unterschiedlich organisieren.

Beispiele sind:

- Jede Schüler:in schreibt regelmäßig jeden Freitag fünf Dinge[4] auf, die ihr in der vorangegangenen Woche besonders

4 Passen Sie die Anzahl gerne an. Wichtig ist das Gefühl von Erfolgserleben. In Lerngruppen, in denen Schüler:innen nicht so viel Erfol-

gut gelungen sind. Prüfen Sie das nicht ab oder kontrollieren Sie dies nicht, das führt zu gegenteiligen Effekten (Fraeyman, 2020).

- Laden Sie die Schüler:innen einmal täglich ein, eine Sache zu nennen, die ihnen gut gelungen ist. Zusätzlich sollten sie noch die Fähigkeit benennen, die sie genutzt haben, damit es gelingt. Durch diesen Zusatz fördern Sie die internale Attribuierung von Erfolgen.
- Eine weniger öffentliche Variante wäre es, wenn die Schüler:innen ihrer Sitznachbar:in von den Erfolgen und den dafür genutzten Fähigkeiten des Tages oder der vergangenen sieben Tage erzählen.

Ein Effekt dieses Vorgehens wird sein, dass die Schüler:innen in ihrem Alltag nach und nach mehr Erfolge und eigene Kompetenzen fokussieren werden. Wenn Sie diesen Effekt unterbinden wollten, würde es Ihnen durch folgende Haltung gelingen: »Die Schüler müssen auch sehen, was sie nicht können, damit sie motiviert sind zu lernen!« oder: »Du machst noch immer zu viele Fehler, das muss besser werden! Man kann sich nicht nur selbst beweihräuchern!« Diese Haltung begegnet mir immer wieder bei Lehrer:innen. Sie ist verständlich und gut gemeint, weil sie zeigt, dass diesen Lehrer:innen der Lernfortschritt ihrer Schüler:innen am Herzen liegt. Trotzdem ist diese Haltung in der Regel nicht förderlich, da sie Misserfolg fokussiert.[5] Stattdessen können Sie durch eine minimale Än-

ge zu berichten wissen (möglicherweise wegen hoher Misserfolgsorientierung), können Sie schrittweise die Anzahl der Erfolge (von Woche zu Woche oder von Tag zu Tag) erhöhen.

5 Natürlich gibt es Schüler:innen, die sich davon nicht einschüchtern oder negativ beeinflussen lassen. Diese machen dann keine Fortschritte wegen der gut gemeinten Haltung. Sie machen Fortschritte, obwohl ihre Lehrer:in diese Haltung zeigt.

derung Fortschritt anstoßen und weiterhin auf Kompetenz fokussieren. Folgende Haltung ist günstiger: »Ihr habt in letzter Zeit dies und jenes geschafft/gelernt/bewältigt[6]. Das liegt daran, dass ihr eure Fähigkeiten klug genutzt habt. Welche eurer Fähigkeiten bräuchtet ihr, um dies oder das (Wissens- oder Kompetenzlücke) auch noch zu erlernen/bewältigen« etc. Oder Sie zeigen den Schüler:innen eine Wissens- oder Verständnislücke auf und laden zur Neugier (gekoppelt mit Optimismus) ein (»Könnte das eure nächste Herausforderung sein?«[7]).

Das klingt sehr ähnlich wie die oben skizzierte defizitorientierte Haltung, ist vom Fokus aber sehr unterschiedlich. Während Sie oben fokussieren, was die Schüler:in noch nicht kann, fokussieren Sie bei der Kompetenzorientierung die Fähigkeiten zur Bewältigung oder die notwendige Neugier (intrinsische Motivation) gleich mit. Sie legen damit den Fokus so, dass die Schüler:in bereits das Gefühl bekommen kann, es bewältigen zu können.

Der Entwicklungspsychologe Vygotsky arbeitet bereits 1978 heraus, dass Fortschritt besonders dann begünstigt wird, wenn die individuellen Lernziele ein kleines Stück über der eigenen Kompetenz liegen.[8] Somit ist etwas Anstrengung notwendig und damit das Verlassen der eigenen Komfortzone. Der Lohn ist nicht nur Wissens- oder Kompetenzzuwachs, sondern auch das Gefühl, gewachsen zu sein. Genau das fördert Kompetenzerleben. Im nächsten Abschnitt finden Sie einige Ansätze, wie es gelingen kann, eine wachstumsorientierte mentale Haltung

6 Je spezifischer, desto besser.

7 Wenn Sie diese Sätze genau so den Schüler:innen gegenüber kommunizieren, dann werden Sie wahrscheinlich bestenfalls ein müdes Lächeln ernten. Aber es geht hier ja um innere Haltungen.

8 Vygotsky spricht von der »Zone der nächsten Entwicklung«.

zu fördern. Denn genau diese Haltung geht mit Kompetenzerleben und schließlich auch besseren Lernfortschritten einher (Claro u. a., 2016).

3.2.2 *Eine wachstumsorientierte innere Haltung fördern*

Lehrer:innen können eine wachstumsorientierte Haltung bei Schüler:innen fördern (Dweck, 2008). Dieser günstigen Haltung steht eine fixierte Haltung mit stabilen Zuschreibungen entgegen. Haley Fraeyman (2020) beschreibt in ihrer bemerkenswert praktischen Dissertation den Unterschied wie folgt: Feedbacks, die eine (ungünstigere) fixierte Haltung mit stabilen Zuschreibungen fördern, könnten sein: »Du hast das gut geschafft, du bist intelligent« oder »Du bist jemand, der hart arbeiten kann«. Diese Feedbacks bei Erfolg fokussieren stabile Persönlichkeitseigenschaften und laden dadurch nicht zum Wachstum ein. Ein Feedback, das Wachstum fördert, zielt auf die zum Erfolg führenden Verhaltensweisen ab: »Du hast hart gearbeitet und dir den Erfolg verdient« oder »Du hast clevere und kreative Wege gesucht, wie du mit wenig Aufwand eine gute Leistung bringst«. Diese Feedbacks fokussieren auf Wege und Prozesse, die die Schüler:innen beschreiten können. Wenn Lehrer:innen solche Feedbacks geben, ermutigen sie die Schüler:innen mittel- bis langfristig, eine wachstumsorientierte Haltung anzunehmen. Eine solche Haltung verändert die Lernatmosphäre und die Motivation der Schüler:innen nachhaltig.

Bevor wir uns im Einzelnen ansehen, wie das funktioniert und welche Schritte besonders hilfreich sind, lade ich Sie zu einer kurzen Reflexion ein. Denn einen besonderen Einfluss hat die Haltung der Lehrer:innen. Sie können keine wachstumsorientierte Haltung vermitteln, wenn Sie selbst fest daran glauben, dass Begabungen und Kompetenzen stabil sind. Viele

Menschen glauben, dass die Intelligenz sehr stabil sei und dass sie entsprechend stabil auch die Leistungen vorhersagt. Der erste Teil scheint zu stimmen: Intelligenz ist ein schwer veränderbares Merkmal. Allerdings gibt es inzwischen sehr viele Befunde, die zeigen, dass die Art und Weise, für wie flexibel oder für wie stabil wir Intelligenz halten, unsere schulischen oder akademischen Leistungen beeinflusst: Wer glaubt, dass die Intelligenz veränderbar ist (wachstumsorientiert), entwickelt sich schulisch und akademisch besser als Personen, die an nicht veränderbare Intelligenz glauben (Blackwell u. a., 2007; Kornilova u. a., 2009). Es scheinen also nicht nur die Intelligenz selbst, sondern auch subjektive Theorien über Intelligenz eine Rolle zu spielen.

Reflexionsimpuls: Subjektive Theorien zur Intelligenz hinterfragen
Wie gehen Sie mit diesem Widerspruch um? Wann ertappen Sie sich dabei, jemanden in die »Intelligenz-Schublade«[9] zu stecken? Wann fokussieren Sie eher wachstumsorientiert? Wie könnte es Ihnen öfter gelingen?

Was können Sie tun, um eine wachstumsorientierte Lernatmosphäre zu begünstigen? Die Anregungen, die ich Ihnen hier vorschlage, lehnen sich an die bereits erwähnte Arbeit von Haley Fraeyman (2020) an:

1. Konzentrieren Sie Ihr Feedback auf die Prozesse anstatt auf die Ergebnisse. Loben Sie erfolgreiche oder erfolgversprechende Tätigkeiten stärker als die Resultate der Schüler:in-

9 Übrigens: Intelligenz-Schubladen scheinen auch einen negativen Effekt zu haben, wenn Sie nur die Intelligenten in diese Schubladen stecken. Denn was ist mit dem Rest?

nen. Natürlich können und dürfen Sie auch die Ergebnisse wertschätzen (und das erwarten Ihre Schüler:innen auch zu Recht). Aber wenn es Ihnen gelingt, die Tätigkeiten verstärkt zu loben, dann erhöht das die Wahrscheinlichkeit, dass die Schüler:innen nach und nach eine wachstumsorientierte Haltung entwickeln. Diese ist mit mehr unterrichtlichem Engagement verbunden.

2. Leben Sie Fehler- und Wachstumskultur vor: Wenn Sie als Lehrer:in immer recht haben und alles richtig machen, können die Schüler:innen nicht von Ihnen lernen, wie Sie mit Fehlern und Scheitern umgehen und an ihnen wachsen können. Werden Ihre Fehler und Ihr punktuelles Scheitern sichtbar, haben Sie die große Chance, den Schüler:innen vorzuleben, wie Sie gelassen und wachstumsorientiert diese Fehler, dieses Scheitern dazu nutzen, sich weiterzuentwickeln. Lassen Sie also zu, dass die Schüler:innen Ihnen beim Scheitern und beim Wachsen zusehen können. Lernen am Modell ist eine wichtige Lernform.
3. Schaffen Sie Möglichkeiten für die Schüler:innen, an denen sie das Scheitern üben können. Den meisten Menschen ist es nicht in die Wiege gelegt, am Scheitern zu wachsen. Deswegen ist es gut, dies zu trainieren. In der Schule wird Scheitern oft auch als Versagen verbucht (selbst wenn Sie als Lehrer:in das nicht unterstützen). Und damit beeinträchtigt Scheitern das Selbstwertgefühl. Das ist eine schlechte Voraussetzung, um an Fehlern zu wachsen.

Wenn es aber selbstverständlich und gewollt ist, dass die Schüler:innen scheitern und aus dem Scheitern Kursänderungen ableiten, dann darf das Scheitern nicht als Versagen verbucht werden. Um eine solche Haltung zu fördern und als selbstverständlich zu etablieren, können Sie zunächst mit Spielen und Herausforderungen aus der Interaktionspädagogik arbeiten. Diese bieten vielfach Szenarien für die Gruppe, die nicht optimal zu lösen sind. In der anschließenden Reflexionsrunde können die Schüler:innen überlegen, welche Lösungsansätze vielleicht noch zielführender sind. Diese können dann auch ausprobiert werden (Reiners, 2019). Diese Haltung kann nun auf schulische Probleme übertragen und gezielt eingeübt werden.

> ***Buchempfehlung***
> für eine Vielzahl gut angeleiteter und für die Reflexion aufbereiteter Interaktionsspiele: Annette Reiners, *Praktische Erlebnispädagogik*, Bd. 1: *Bewährte Sammlung motivierender Interaktionsspiele*, Augsburg: ZIEL Verlag, 2019.

4. Seien Sie geduldig und bleiben Sie wachstumsorientiert, wenn Schüler:innen nicht sofort eine stabile und fixierte Orientierung in eine wachstumsorientierte Haltung verändern. Das braucht Zeit. Die benötigte Geduld bringen Sie übrigens leichter auf, wenn Sie auch an diese Veränderung wachstumsorientiert herangehen.
5. Individualisieren Sie die Rückmeldungen, so gut es geht. Je mehr sich Schüler:innen von Ihnen gesehen fühlen, desto größer ist die Chance, dass Ihre Rückmeldung zur Entwicklung einer wachstumsorientierten Haltung beiträgt. Vermeiden Sie – wenn es irgend geht – bewertende Rückmeldungen. Das ist in der Schule natürlich nicht immer einfach. Hilfreich kann es aber sein, eine klare und transparente Trennung zwischen Prüfungsleistung und Training zu ziehen.
6. Arbeiten Sie mit den Schüler:innen auf der Metaebene. Machen Sie diesen die Vorteile und Chancen einer wachstumsorientierten Haltung klar. Diskutieren Sie mit ihnen darüber. Manchmal – gerade bei jüngeren Schüler:innen – helfen auch Metaphern oder kleine Geschichten, die dies verdeutlichen. Grundsätzlich gilt: Je früher die Schüler:innen eine solche

Haltung entwickeln, desto hilfreicher ist das für deren schulische Entwicklung.

Eine letzte Anmerkung: Die schulischen Leistungen werden von vielen Faktoren beeinflusst. Der sozioökonomische Status hat in Deutschland immer noch einen (viel zu) großen Einfluss. Wir wissen aber, dass Schüler:innen mit niedrigem sozioökonomischen Status vielfach keine wachstumsorientierte Haltung mitbringen. Und wir wissen, dass besonders diese Schüler:innen von einer Änderung der Haltung profitieren können, auch wenn die Haltungsänderung die sozioökonomischen Voraussetzungen nicht vollkommen kompensiert.

3.3 Erleben sozialer Einbindung

Obwohl ein bekannter Spruch lautet: »Du lernst nicht für die Schule, sondern fürs Leben«, sieht die Realität meistens anders aus. Schüler:innen strengen sich oft für ihre Lehrer:innen an. Lehrer:innen, zu denen sie eine gute Beziehung haben, können Schüler:innen zu mehr Leistungsbereitschaft motivieren. Ähnliches gilt für die Lerngruppe. Erleben Schüler:innen, dass ihre Anstrengungen, Leistungen und Ergebnisse in der Klasse gewürdigt werden, sind sie zu mehr Anstrengungen bereit. Der Faktor der sozialen Einbindung spielt für die meisten Menschen eine zentrale Rolle. Dieser lässt sich im Classroom Management direkt über die Gestaltung von Lern- und Präsentationssettings und indirekt über die Lernatmosphäre beeinflussen. Das Erleben von Kompetenzen (Kapitel 3.2) und das Setzen verbindlicher Ziele (Kapitel 3.1) hängen stark von der sozialen Einbindung ab (Kaufman & Dodge, 2009).

Das Gefühl, dass das eigene Handeln und die eigenen Ziele für andere relevant sind, erhöht den Wert dieser Ziele und

Handlungen. Wenn Schüler:innen sich Ziele setzen, die spürbar der Klasse nutzen bzw. von dieser als positiv angesehen werden, erhöht das die Wahrscheinlichkeit, dass die Schüler:innen diese Ziele auch verfolgen. Zudem werden sie eher bereit sein, sich Ziele zu setzen, von denen sie vermuten, dass diese von der Gemeinschaft als positiv bewertet werden. Umgekehrt gilt dann auch, dass Schüler das Setzen von Zielen vermeiden, wenn sie erwarten können, dass diese in der Gemeinschaft nicht gern gesehen werden. In einer Klasse, in der es verpönt ist, sich anzustrengen, werden weniger Schüler:innen entsprechende Leistungsziele ausbilden. Wie lässt sich ein Klassenklima schaffen, in dem Leistung und Engagement positiv bewertet werden?

Blicken wir zur Beantwortung dieser Frage einen kurzen Augenblick in den Sportunterricht oder auf Sportturniere: Spielt die 7a gegen die 7b im Schulturnier Fußball, dann ist ganz klar: Wer sich anstrengt, der tut es für die ganze Klasse. Wer ein Tor schießt, wird geadelt. Das Schießen von Toren ist sozial relevant. Und genau darauf kommt es an. Könnten wir dieses Phänomen in den Englisch-, in den Mathe-, in den Deutschunterricht übertragen, so könnten wir einen motivationalen Mechanismus nutzen, der auf den Faktor soziale Eingebundenheit zurückgeht. Wie kann das gelingen?

Schauen wir uns einen weiteren wichtigen motivationalen Mechanismus an, der über die soziale Eingebundenheit funktioniert. Wer das Gefühl hat, dass Menschen, die ihm wichtig sind, mit ihm beim Erreichen von Leistungszielen mitfiebern und sich mitfreuen, der setzt sich selbst eher realistische, aber ambitionierte Ziele (denken Sie an Vygotskys »Zone der nächsten Entwicklung«). Dies wird von einem wachstumsorientierten Umfeld begünstigt, das durch wohlwollende Beziehungen geprägt ist.

Reflexionsimpulse: Reflektieren erlebter sozialer Einbindung

- Denken Sie bitte einmal an Ihre eigene Schulzeit. Welche Bezugspersonen haben Sie positiv dazu ermutigt, sich Ziele zu setzen und diese ambitioniert zu verfolgen? Für wen haben Sie es gerne getan und warum? Hier können Eltern, Verwandte, Lehrer:innen, Freund:innen oder auch die Klassengemeinschaft eine Rolle gespielt haben.
- Denken Sie jetzt bitte an eine Lehrer:in, bei der Sie weniger deutlich motiviert waren, sich Ziele zu setzen. Was hätte diese Lehrer:in in der Beziehungsgestaltung oder in ihren Interaktionen vielleicht anders machen können, damit Sie zumindest ein bisschen motivierter gewesen wären? (Fokussieren Sie bitte einmal ganz bewusst nur die Ebene der Interaktionen und der Beziehungsgestaltung und klammern Sie bewusst andere methodische Gestaltungsprinzipien aus.)
- Hören Sie sich auch einmal im Bekannten- oder Kolleg:innenkreis um: Wie war es bei ihnen? Was könnten Sie erfahren, welche sozialen Beziehungen andere zu ambitionierten Zielen ermutigt haben?
- Wählen Sie sich jetzt eine Ihrer Schüler:innen aus, die nicht so sehr motiviert ist. Wählen Sie aber bitte nicht gleich den schwierigsten Fall (schließlich wollen Sie ja lernen und sich nicht die Zähne ausbeißen): Welche sozialen Botschaften von Ihnen, von deren Eltern, von Freund:innen und der Klasse könnten diese Schüler:in motivieren, sich ehrgeizigere Ziele als bisher zu setzen? Wie könnten Sie das Lehrer:innen-Schüler:innen-Verhältnis so umgestalten, dass die Schüler:in dazu bereit wäre, sich mehr zu engagieren? Wie könnten Sie diese dazu ermutigen, eine wachstumsorientierte Haltung anzunehmen? Falls Sie keine Ideen haben, probieren Sie es zunächst einmal in die andere Richtung: Was müssten Sie alles tun, um diese Schüler:in noch mehr zu entmutigen? Was, um sie davon abzuhalten, sich Ziele zu setzen? Mit welchen Beziehungsbotschaften könnten Sie einen Wachstumsprozess geschickt unterbinden?

- Lassen Sie all diese Gedanken und Informationen einen Moment reifen. Welche Veränderungen werden sich wohl bei Ihnen ergeben, die sich positiv auf die Lern- und Sozialatmosphäre in Ihren Lerngruppen auswirken werden? Seien Sie neugierig, welche Ideen in Ihnen wachsen und wie Sie diese Veränderungen bemerken werden!

In Kapitel 4 betrachten wir die Beziehungsarbeit und wie es gelingen kann, diese so zu gestalten, dass das Setzen von Zielen begünstigt wird. Schließlich kann der auf der Beziehungsebene bereitete Boden durch die Gestaltung von Feedback-Prozessen fruchtbar gemacht werden (Kapitel 5).

Auf der Ebene der Klassengemeinschaft wird durch das gemeinsame Aufbauen von lernförderlichem und gemeinschaftsorientiertem Verhalten (Kapitel 6) eine Basis geschaffen, die engagiertem Verhalten eine soziale Bedeutsamkeit verleiht. In Kapitel 7 werden Formen der Gruppenarbeit, der Teamentwicklung und des kooperativen Lernens vorgestellt, die auch das Lernen von Mathe, Deutsch, Englisch usw. zu einem Gruppenerlebnis werden lassen – ähnlich wie ein Fußballturnier zwischen 7a und 7b.

Zusatzmaterial
Auf der Seite *www.apollon-hochschule.de/schulpsychologie* finden Sie eine Anleitung für ein solches »Gruppenturnier«. Dieses habe ich in Anlehnung an das lohnenswerte und praktische Buch *Erfolgreich unterrichten durch Kooperatives Lernen 2* von Ludger Brüning und Tobias Saum (2009) etwas modifiziert.

4 Ohne Beziehungsarbeit geht es nicht

In der Psychotherapie macht die Beziehung zur Therapeut:in etwa 30 % der Wirksamkeit der Therapie aus (Asay & Lambert, 1999). In Paarbeziehungen braucht es im Verhältnis etwa fünfmal mehr positive (Beziehungs-)Botschaften als negative Botschaften, damit die Beziehung stabil ist (von Schlippe & Schweitzer, 2016). Wir Menschen sind Beziehungswesen, und wir entwickeln uns abhängig von Beziehungen. Bei Kindern sehen wir, wie wichtig eine stabile Bindung zu zentralen Bezugspersonen ist, damit sie Entwicklungsschritte gehen und Entwicklungsaufgaben gut bewältigen können (Delius u. a., 2008). Dass die Beziehungsarbeit gerade im pädagogischen Kontext wesentlich ist, zeigen nicht nur unzählige Studien (z. B. Yunus u. a., 2011), sondern Sie können es auch jeden Tag in der Schule beobachten. Übrigens scheint die Schüler:innen-Lehrer:innen-Beziehung und die Arbeit an ihr nicht nur für die Motivation und Leistung der Schüler:innen eine Rolle zu spielen. Sie scheint auch einen Einfluss auf das Wohlbefinden von Lehrer:innen zu haben (Spilt u. a., 2011).

Es lohnt sich also, einen Blick darauf zu werfen, wie man gezielt an dieser Beziehung arbeiten kann. Und genau darum geht es in diesem Kapitel. Zudem werden auch begünstigende Faktoren für die positive Gestaltung von Peer-Beziehungen beleuchtet. Beziehungsarbeit gelingt in einem wohlwollenden und positiven Klima besser (Kapitel 4.1). Wir Menschen scheinen unsere Interaktionspartner:innen besonders schnell hinsichtlich ihrer emotionalen Wärme, Dominanz und ihrer Kompetenz abzuchecken. Diese haben einen wesentlichen Einfluss auf die Gestaltung der Beziehung (Kapitel 4.2). In der Schule ist Beziehung nicht nur Selbstzweck, sondern eines der wirksamsten Werkzeuge, um Entwicklung zu fördern. Allerdings ist Beziehung in der Regel eine wechselseitige Angelegenheit. Das bedeutet, dass die Beziehungen zu Schüler:innen – besonders die schwierigen Beziehungsaspekte – für Lehrer:innen eine Chance zur Selbstentwicklung darstellen können. Dies wirkt meistens schnell auf die Beziehungsqualität zurück (Kapitel 4.3).

4.1 Eine gute Grundlage schaffen: Die Oxytocinproduktion ankurbeln

Eine zentrale neurochemische Grundlage von Bindung und Beziehung ist das sogenannte Bindungshormon Oxytocin (Bosmans u. a., 2020). Wird im Körper Oxytocin ausgeschüttet, werden Stress und Angst reduziert, es wird mehr Gemeinschaft erlebt, die Bereitschaft zu Kooperation und das wahrgenommene Wohlbefinden steigen. In den meisten wissenschaftlichen Experimenten, in denen diese Erkenntnisse gewonnen wurden, wurde Versuchspersonen Oxytocin entweder über ein Nasenspray verabreicht oder gespritzt. Beides ist für die Schule keine Option (und die Risiken unerwünschter gesundheitlicher Effekte wären sehr groß).

Allerdings zeigen vereinzelte Experimente und Forschungsarbeiten, dass wir unsere körpereigene Oxytocinproduktion durch bestimmte Verhaltens- und Erlebensweisen aktivieren können. In diesem Abschnitt sollen entsprechende praxistaugliche Strategien vorgestellt werden, die Sie im Classroom Management ohne großen Aufwand nutzen können. Diese sollten eine gute Grundlage für die komplexe und teilweise auch herausfordernde Beziehungsarbeit bieten.

Alltagsexperiment: Lobrede halten
Führen Sie bitte zunächst dieses Alltagsexperiment mit einer Kolleg:in durch. Halten Sie eine einminütige Lobrede auf eine Person Ihrer Wahl. Dies kann auch eine Person aus der Familie oder dem

Freundeskreis sein. Die zuhörende Kolleg:in sollte diese Person günstigstenfalls nicht kennen. Halten Sie diese Lobrede möglichst so, dass Ihre Zuhörer:in das Gefühl bekommt, Sie sprechen von einem wirklich tollen Menschen. Nach einer Minute signalisiert die Kolleg:in Ihnen, dass die Zeit um ist. Sie dürfen jetzt gerne noch den Gedanken zu Ende bringen. Danach tauschen Sie die Rollen und wiederholen Sie dieses Experiment. Tauschen Sie sich jetzt darüber aus, wie es sich angefühlt hat, die Lobrede zu halten, und wie, zuzuhören.

Anmerkung: In den allermeisten Fällen fühlt sich beides – Zuhören und Reden – sehr bereichernd an. Wahrscheinlich wird dieses angenehme Gefühl von Oxytocin mitbeeinflusst.

Der psychologische Effekt besteht darin, dass es bereits einen positiven Einfluss beim Zuhören gibt. Stellen Sie sich einmal vor, Sie würden den ganzen Tag über mit Menschen zusammenarbeiten, die einen glaubwürdigen wohlwollenden Blick auf andere hätten. Wie würde sich das auf Ihren nächsten Konflikt auswirken? Was würden Sie vielleicht anders wahrnehmen, anders interpretieren oder bewerten?

Erinnern Sie sich jetzt noch einmal an die assoziative Aktivierung (Kapitel 3.2). Wenden wir diesen Effekt einmal auf die Lerngruppe an: Stellen Sie sich vor, Sie würden ab jetzt immer wieder »Mini-Lobreden« auf irgendwelche Personen halten, die die Schüler:innen nicht kennen. Das würde mit großer Wahrscheinlichkeit dazu führen, dass Sie bei den Schüler:innen entsprechend positive interpersonelle Wahrnehmungs- und Bewertungsmuster aktivieren. Die Schüler:innen würden in der Folge eher erwarten, dass Sie ihnen gegenüber auch wohlwollend eingestellt sind, und sie würden selbst andere eher positiv bewerten. Das geschieht in der Regel vollkommen unbewusst.

Sie können die »Mini-Lobreden« in die Dinge einbauen, die Sie ohnehin erzählen, ohne dass Sie diese explizit als Lobreden kennzeichnen. Diese können im Alltag viel kürzer als eine Minute sein. Es geht vor allem darum, dass die absolut positive Haltung wahrgenommen wird. Einen weiteren Effekt, den wir in dem Zusammenhang oft beobachten konnten, ist, dass viele Schüler:innen selbst beginnen, positiver über andere Personen zu sprechen.

Buchempfehlung
Wenn Sie dies als »formale Übungen« mit Schüler:innen durchführen möchten, finden Sie im Trainingsprogramm »Stark im Stress« einige Varianten, mit denen wir gute Erfahrungen gemacht haben: Marcus Eckert / Torsten Tarnowski / Luise Merten, *Stress- und Emotionsregulation für Jugendliche: Trainingsmanual zum Programm Stark im Stress*, Weinheim: Beltz, 2019.

Reflexionsimpuls: Wie gelingt es, eine positive Haltung zu etablieren?
Welche guten Erfahrungen haben Sie darin, eine positive Haltung bei Schüler:innen zu aktivieren? Wie gelingt es Ihnen, dass die Schüler:innen einander wohlwollender begegnen? Was könnten Sie davon mehr nutzen?

4.2 Wärme und Kompetenz

Wir alle schätzen Menschen blitzschnell und intuitiv ein. Die Sozialpsychologin Susan Fiske und Kolleg:innen haben zwei übergreifende Dimensionen herausgearbeitet, nach denen wir unsere Einschätzung unbewusst vornehmen: Wie herzlich scheint die Person zu sein (soziale Wärme)? Und wie kompetent schätzen wir sie ein (Fiske u. a., 2006)? Wenn wir die Dimension Herzlichkeit betrachten, achten wir darauf, ob der Mensch warmherzig, vertrauenswürdig, freundlich, ehrlich, sympathisch und aufrichtig wirkt. Zur Dimension Kompetenz fallen Menschen die Begriffe kompetent, intelligent, geschickt und effizient, durchsetzungsfähig und selbstbewusst ein. Danach beurteilen sie, ob sie eine Person für kompetent halten oder nicht (Fiske, 2018).

Für das Sozialklima (Klassenklima) spielt besonders die Warmherzigkeit eine Rolle. Das Alltagsexperiment aus dem Kapitel 4.1 begünstigt die Wahrnehmung von Warmherzigkeit. Wie lässt sich der Eindruck der Warmherzigkeit zudem noch fördern?

Die beiden Faktoren der wahrgenommenen Gerechtigkeit und der Durchsetzungsfähigkeit werden der Dimension »wahrgenommene Kompetenz« zugeschrieben. Beide spielen im Classroom Management eine wichtige Rolle. Denken Sie nur an die Classroom Management-Dimension »Disziplinierung« nach Kounin (1976). Wie kann das gelingen?

Oft höre ich von Lehrer:innen, dass die Durchsetzungsfähigkeit etwas sei, das man »irgendwie im Blut hat« – oder eben nicht. Das ist nicht richtig. Durchsetzungsfähigkeit ist erlernbar. Allerdings soll es hier nicht um die reine Durchsetzungsfähigkeit um ihrer selbst willen gehen, sondern wir wollen sie gepaart mit wahrgenommener Gerechtigkeit betrachten.

Der Auftrag der Schule wird in den Bundesländern durch die jeweiligen Schulgesetze geregelt. Übereinstimmung gibt es darin, dass die Schüler:innen zu verantwortungsvollen und mündigen Bürgern im freiheitlich-demokratischen Sinne erzogen werden sollen. Exemplarisch ist das Zitat aus dem Schulgesetz Niedersachsens:

> »§ 2 Bildungsauftrag der Schule
> […] Die Schule soll im Anschluss an die vorschulische Erziehung die Persönlichkeit der Schülerinnen und Schüler auf der Grundlage des Christentums, des europäischen Huma-

nismus und der Ideen der liberalen, demokratischen und sozialen Freiheitsbewegungen weiterentwickeln.«

Die Zielvorstellung von mündigen Bürgern passt nicht mit der Idee zusammen, dass Lehrer:innen sich im autoritären Sinne durchsetzen. Deswegen gehört zur Gerechtigkeit auch die Mitverantwortung der Schüler:innen. Diese Mitverantwortung beleuchten wir in den Kapiteln 6 (zum lernförderlichen und gemeinschaftsorientierten Verhalten) und 7 (zu Teamentwicklung und kooperativem Lernen) noch näher.

Obwohl die Verantwortung für einen gelingenden Lernprozess von allen Akteuren getragen wird, kommt Ihnen als Lehrer:in eine ganz besondere Rolle zu. Und die Schüler:innen achten sehr genau darauf, ob Sie das Einhalten der (verabredeten) Regeln durchsetzen. Die Zuschreibung »Diese Lehrer:in kann sich durchsetzen« bezieht sich dann darauf, ob Sie aus Sicht der Schüler:innen in der Lage sind, die Einhaltung der Regeln sicherzustellen. Auch daraus resultiert Vertrauen. Wie kann das gelingen?

Zunächst bemühen wir auch hier noch einmal die assoziative Aktivierung: Es gibt Körperhaltungen, die mit dem Erleben von Selbstvertrauen und Präsenz assoziiert sind (Hill, 2005). Wie würden Sie sich bewegen, wie würden Sie stehen oder sitzen, wenn Sie sich in einer Situation sicher fühlen würden. Erproben Sie diese Körperhaltungen und diese Arten, sich zu bewegen, einmal im Unterricht. Was verändert sich? Das Spannende daran ist, dass Sie auf diese Weise nicht nur dem eigenen Gehirn mehr Selbstsicherheitsimpulse zur Verfügung stellen, sondern auch Ihre Außenwirkung verändern. Sie werden wirken, als hätten Sie mehr Selbstvertrauen. Das wird in der Regel als kompetent wahrgenommen und steigert die »natürliche« Autorität, ohne dass Sie autoritär sein müssten. Im Kapitel 8.3 schauen wir uns das Konzept der neuen Autorität an. Hier wird der Gedanke des Durchsetzens neu und gewinnbringend gedacht. Es geht darin nicht darum, dass Sie als Lehrer:in Ihre Macht gebrauchen, um sich durchzusetzen. Vielmehr wird die Stärke durch Beziehung betont (Omer & von Schlippe, 2016). Somit können Konflikte und Unterrichtsstörungen Chancen sein, die Beziehung und Prozesse zu gestalten.

4.3 Beziehungsarbeit heißt Auseinandersetzung und Wachstum – die Arbeit mit dem Werte- und Entwicklungsquadrat

Professionelle Beziehungsarbeit ist vor allem dann notwendig, wenn es Konflikte oder Schwierigkeiten gibt. Alle Menschen erleben immer wieder Interaktionspartner:innen, auf die sie emotional reagieren. Das geht auch Lehrer:innen mit einigen Schüler:innen so (und umgekehrt). Manchmal erscheint es, als würden die Schüler:innen einen »Knopf drücken« und die Lehrer:in »geht an die Decke«. In diesen Fällen sind vielfach Werte oder Werthaltungen verletzt. Oft geschieht das unbewusst, und sichtbar ist nur das Resultat. Das Werte- und Entwicklungsquadrat – in Anlehnung an Schulz von Thun (2013) – bietet hier ein hilfreiches Werkzeug, die eigene Haltung und die eigene Perspektive sinnvoll zu erweitern. Mit diesem Tool können Sie an Ihrer eigenen (Wert-)Haltung arbeiten und somit die oben angedeuteten »Knöpfe« deaktivieren.

Das Werte- und Entwicklungsquadrat (Abb. 1 und 2, s. oben) geht auf die Dialektik Aristoteles' zurück und wurde durch die Publikationen des Psychologen Friedemann Schulz von Thun als Kommunikationswerkzeug bekannt (Schulz von Thun, 2013). Es ist sehr gut dafür geeignet, (wertgeleitete) Ärgernisse oder Konflikte in persönliche und/oder pädagogische Entwicklungsprozesse zu überführen. Wie gelingt das?

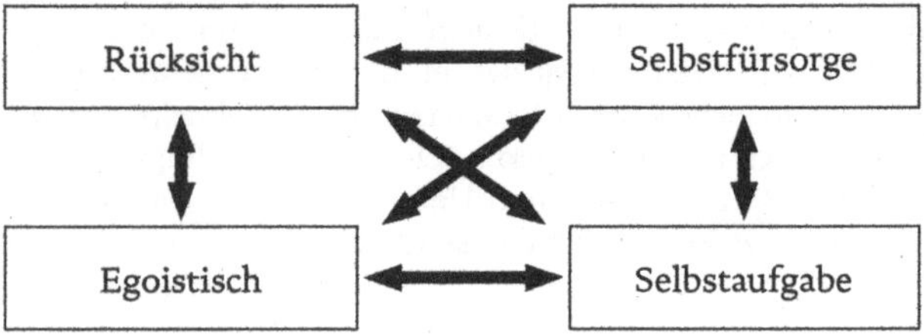

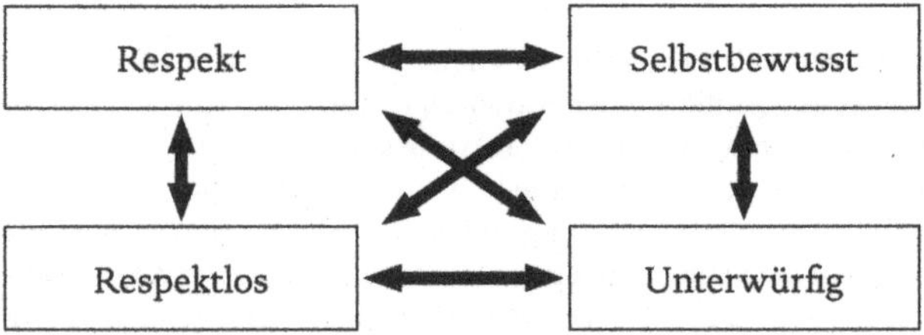

Abb. 1 (oben) zeigt ein Werte- und Entwicklungsquadrat mit Fokus auf einem Selbstentwicklungsziel. Abb. 2 (unten) zeigt ein Werte- und Entwicklungsquadrat mit Fokus auf einem Entwicklungsziel im Interaktionsbereich (Darstellung mit leichten Veränderungen in Anlehnung an Schulz von Thun, 2013). Oben stehen jeweils die Werte, unten die Unwerte. Der Wert jeweils oben rechts kann Hinweise für das Entwicklungsfeld geben.

Schritt 1: Auf der linken Seite des Werte- und Entwicklungsquadrates finden sich ein Wert (oben) und ein Unwert (unten). Der Wert auf der linken Seite repräsentiert in der Regel den eigenen Wert (Wert 1), der verletzt wurde (Ärgernis/Konflikt). Der Unwert auf der linken Seite repräsentiert das Verhalten, über das man sich ärgert oder das Anlass des Konfliktes ist (Unwert 1).

Beispiel (I):
Frau Müller ärgert sich immer wieder sehr darüber, dass ihr Schüler Daniel immer nur an sich denkt. Er nimmt keine Rücksicht auf andere und handelt sehr oft egoistisch (Unwert 1). Frau Müller selbst ist Rücksichtnahme sehr wichtig (Wert 1). Allerdings weiß Frau Müller auch, dass sie Daniel in diesem Punkt nicht verändern kann. Sie ärgert sich über sein egoistisches Verhalten, obwohl sie weiß, dass ihr Ärger darüber für sie, für die Interaktionsqualität und für ihr Umfeld nicht förderlich sind. Zudem gelingt es ihr zunehmend schlechter, eine gute tragfähige Beziehung zu Daniel zu gestalten. Sie würde sich also wünschen, hier mehr Abstand zu gewinnen.

Schritt 2: Das Werte- und Entwicklungsquadrat kann uns verschiedene konstruktive Perspektiven auf solche Arten von Ärgernissen oder Konflikten eröffnen. Durch die neuen Perspektiven kann es uns besser gelingen, Beziehungen gelingend zu gestalten. Schauen wir uns dafür die rechte Seite an: Der nächste Schritt besteht darin, den eigenen Wert zu übertreiben. Man kann jeden Wert übertreiben, und in starker Übertreibung wird jeder Wert zum Unwert (Unwert 2). Die Unwerte finden Sie im Werte- und Entwicklungsquadrat auf der unteren Ebene.

Beispiel (II):
Würde Frau Müller ihren Wert der Rücksicht übertreiben, dann würde sie nur noch an andere denken, sich selbst und ihre eigenen Interessen und Bedürfnisse jedoch völlig vernachlässigen. Selbstaufgabe könnte also der Unwert 2 sein.

Schritt 3: Nun kann das potenzielle Entwicklungsfeld herausgearbeitet werden. Dies geschieht, indem der gute Gegenwert (Wert 2) gesucht wird, der erstens den Unwert 2 kompensiert und zweitens eine sinnvolle Ergänzung zu Wert 2 darstellt. Übertreibt man Wert 2, resultiert aus ihm Unwert 1.

Beispiel (III):
Damit Frau Müller sich nicht selbst aufgibt oder vernachlässigt, bräuchte sie einen guten Gegenwert, der ebenfalls eine sinnvolle Ergänzung zu ihrem Wert Rücksicht (Wert 1) darstellt. Als Wert 2 bietet sich Selbstfürsorge an. Wer für sich selbst sorgt, der achtet auf seine Bedürfnisse (Kompensation des Unwertes 2). Zugleich ergänzt Selbstfürsorge den Wert Rücksichtnahme sinnvoll: Man achtet auf sich selbst und *auf andere. Würde man Selbstfürsorge hingegen übertreiben, wäre man egoistisch (Unwert 1).*

Schritt 4: Schließlich wird aus dem potenziellen Entwicklungsfeld das persönliche und/oder pädagogische Entwicklungsfeld herausgearbeitet. Meistens ist auf irgendeiner Ebene im System (meistens bei einem der Akteure) der Wert 2 unterrepräsentiert. In der Regel führt eine Entwicklung von Wert 2 zu einer Reduzierung der emotionalen Betroffenheit durch den Konflikt bzw. durch das Ärgernis.

Beispiel (IVa):
Wenn Frau Müller auf ihr Leben schaut, stellt sie fest, dass sie viel häufiger Rücksicht nimmt, anstatt an sich selbst zu denken und für sich zu sorgen. Letzteres kommt ihr egoistisch vor. Allerdings merkt sie auch oft, dass es sie belastet, wenn sie so wenig in Selbstfürsorge investiert. Aber weil sie den Wert der Rücksichtnahme so stark internalisiert hat (»mit der Muttermilch aufgesogen«), verbucht sie jede Form der Selbstfürsorge

als Egoismus und verbietet sich diesen sorgsamen Umgang mit sich.
Durch die Arbeit mit dem Werte- und Entwicklungsquadrat gelingt es ihr, zwischen Egoismus und Selbstfürsorge besser zu differenzieren. In dem Maße, in dem sie es sich selbst erlauben kann, die eigenen Bedürfnisse und Interessen gleichrangig und gleichberechtigt anderen Interessen gegenüber anzuerkennen, in dem Maße sinkt auch ihr Ärger über Daniels Egoismus. Den Egoismus findet sie trotzdem nicht in Ordnung. Aber der Ärger darüber wird weniger.
Warum ist das so? Jedes Mal, wenn Daniel egoistisch handelte, lebte er ihr etwas vor, das sie sich verboten hat. Und weil sie unter dem Verbot litt, spürte sie Ärger auf Daniel. Zukünftig wird sie Daniels egoistisches Verhalten als Erinnerung daran nutzen, dass sie selbst gut für sich sorgt. Dieses Vorgehen hilft bei der emotionalen Distanzierung, ohne dass Frau Müller egoistisches Verhalten zukünftig billigen muss. Auf diese Weise gelingt es ihr, die Beziehung zu Daniel neu zu gestalten.

Das Beispiel IVa illustriert das Herausarbeiten eines persönlichen Entwicklungsziels. Das Beispiel IVb zeigt, wie ein Entwicklungsziel im interpersonellen Raum gefunden werden kann. Dieses Beispiel bezieht sich auf die Abb. 2 (S. 60).

Beispiel (IVb):
Herr Schmidt kommt mit einer Schülerin, Nicole, wegen respektlosen Verhaltens immer wieder in Konflikt. Er selbst ärgert sich sehr über Nicoles respektlose Art (Unwert 1). Für ihn (wie für viele Menschen) ist ein respektvoller Umgang wichtig (Wert 1). Übertreibt man den Wert Respekt, kommt man zu so etwas wie Unterwürfigkeit (Unwert 2). Der gute Gegenwert von Unterwürfigkeit könnte so etwas wie Selbstbewusstsein sein (Wert 2).

Was kann Herr Schmidt damit anfangen? Selbstbewusstsein (Wert 2) ist das potenzielle Entwicklungsziel. Herr Schmidt selbst hält sich für ausreichend selbstbewusst – und somit ist es nicht sein eigenes Entwicklungsziel. Nicole wirkt in ihrer respektlosen Art zunächst so, als würde es ihr an Selbstbewusstsein auch nicht fehlen.

Allerdings fördert der zweite Blick eine andere Interpretationsmöglichkeit zutage: Die Schülerin hat ihr Selbstbewusstsein vermutlich nicht »mit der Muttermilch aufgesogen«. Sondern sie bemüht sich täglich darum, möglichst selbstbewusst zu erscheinen, obwohl sie sich oft wenig selbstbewusst fühlt. Im Bemühen, diese Fassade aufrechtzuerhalten, schießt Nicole hin und wieder über ihr Ziel hinaus. Das wirkt auf Herrn Schmidt (und auch auf andere Lehrer:innen) wie Respektlosigkeiten. Herr Schmidt reagiert entsprechend streng und fordert Respekt (Wert 1) ein. Aus der subjektiv gefärbten Sicht von Nicole erwartet der Lehrer von ihr Unterwürfigkeit (Unwert 2), wenn er Respekt einfordert. Entsprechend fühlt sie sich veranlasst, ihr Selbstbewusstsein (Wert 2) zu zeigen, um Gesichtsverlust vor sich und anderen zu vermeiden. Dies wiederum bewertet Herr Schmidt als weitere Respektlosigkeit. Damit sind beide in einer ungünstigen Eskalation.

Ein möglicher Ausweg besteht darin, dass Herr Schmidt das Entwicklungsfeld »Selbstbewusstsein fördern« in den Interaktionen mit Nicole erkennt und nutzt. Wie macht er das? Zunächst einmal ist es ihm wichtig, Grenzüberschreitungen und Regelverstöße weiterhin klar zu benennen und angemessenes Verhalten einzufordern. Allerdings trennt er jetzt sehr bewusst Verhalten und Person und achtet darauf, seine Botschaften an Nicole entsprechend deutlich zu gestalten. Wirft Nicole beispielsweise Papierkugeln im Unterricht, weist er sehr klar darauf hin, dass er das nicht duldet:

Herr Schmidt: »Nicole, dort auf dem Poster stehen unsere Klassenregeln. Steht dort irgendwo, dass du mit Papierkugeln werfen sollst?«
Nicole: »Nein.«
Herr Schmidt: »Dann unterlasse das bitte. Und mal ganz ehrlich, Nicole. Das hast du auch gar nicht nötig« (hier sollte nonverbal viel authentische Wertschätzung für die Schülerin mitschwingen).
Herr Schmidt kann sich nicht nur in Eskalationen, sondern auch sonst verstärkt in entspannten Situationen darum bemühen, eine selbstwertförderliche Perspektive auf Nicole einzunehmen und zu kommunizieren (verbal und nonverbal). In dem Maße, in dem Nicole das Gefühl bekommt, dass sie ihr Selbstbewusstsein nicht mehr schützen muss, in dem Maße ist sie auch in der Lage und bereit, Respekt zu zeigen.

Zusatzmaterial
Manchmal fällt es schwer, positive oder selbstwertförderliche Aspekte an Schüler:innen zu finden und um diese auch noch bei Störungen im Unterricht zu wissen. Aber gerade das mentale Aufrechthalten dieser positiven Aspekte bei Auseinandersetzungen wirkt sich günstig auf die Entwicklung (auch der Beziehung) aus. Eine Strategie, wie Ihnen das gelingen kann, finden Sie unter: *www.apollon-hochschule.de/schulpsychologie.* Schauen Sie sich gerne die Übung »Wie im falschen Film« an, die dem Klinischen Classroom Management (Eckert, 2022) entlehnt ist.

5 Motivation durch Feedback gestalten

Feedback hat für den Lern- und Motivationsprozess eine wesentliche Bedeutung. Dabei zeigt sich, dass nicht nur das Geben lernrelevanter Feedbacks von Lehrer:innen und Richtung Schüler:innen wichtig ist. Auch das lernbezogene Feedback von Schüler:innen in Richtung Lehrer:innen ist maßgeblich (Hattie, 2008). Feedback ist also keine Einbahnstraße. Wenn Lehrer:innen sich ernsthaft dafür interessieren,

- was Schüler:innen wie verstanden haben,
- was sie möglicherweise noch nicht verstanden haben,
- was sie brauchen, um zu lernen,
- wo sie sich bemühen,

dann kann nach Hattie das Lehren und Lernen »synchronisiert« werden.

Diese in einer großen und inzwischen sehr bekannten Metaanalyse gefundenen Erkenntnisse finden sich im Alltag wieder. Wenn Menschen – egal, wie bildungsaffin sie sind – auf ihre Schulzeit zurückblicken, berichten die meisten, dass sie besonders dann engagiert waren und viel lernten, wenn sie das Gefühl hatten, dass ihrer Lehrer:in der Lernfortschritt wirklich wichtig war und dass diese sich wirklich dafür interessierte, wie sie die Schüler:innen beim Lernen unterstützen kann. Für Lehrer:innen ist es wichtig, diese Erkenntnis stets im Hinterkopf zu haben, denn in manchen Phasen ihrer Entwicklung (z. B. Pubertät) können nicht alle Schüler:innen dies immer in aller Deutlichkeit zeigen.

Die Art und Weise, wie Feedback und Feedbackprozesse gestaltet werden, entscheidet über deren Wirksamkeit (Narciss, 2014). Strenggenommen ist jede informelle Rückmeldung (auch die nonverbale) und jedes Nachfragen bereits Teil eines umfassenden Feedbackprozesses. In diesem Kapitel werden die generelle Gestaltung von Feedbackprozessen in den Blick genommen. Diese können formal und losgelöst vom täglichen Unterricht in Feedbackgesprächen, direkt auf Aufgaben bezogen im Unterricht oder vollkommen informell stattfinden. In den meisten Fällen werden Feedbacks unmittelbar im Unterricht stattfinden. Dort werden sie wahrscheinlich am wirkungsvollsten sein. Allerdings können auch übergeordnete und formale Entwicklungsgespräche Gelegenheiten für gegenseitiges Feedback sein. Hier können auch längerfristige Ziele und Arbeitsweisen verabredet werden.

Reflexionsimpuls

Bevor wir uns ansehen, wie Sie Feedback so gestalten können, dass Sie Motivation und Lernfortschritt fördern, lade ich Sie zu einem kurzen Rückblick in zwei Schritten ein.

Schritt 1: Sie als Empfänger:in von Feedback. Versetzen Sie sich noch einmal zurück in Ihre Schulzeit. Auch Sie haben Rückmeldungen von Ihren Lehrer:innen bekommen, die hilfreich, weniger hilfreich oder gar schädlich waren. Prüfen Sie einmal, was für Sie hilfreich war und was nicht. Was war sogar abträglich? Dabei können Sie untersuchen, *was* Ihre Lehrer:innen *wie* gesagt haben – und wie es *bei Ihnen* ankam. In *welchem Kontext* war es hilfreich – in welchem nicht?

Schritt 2: Sie als Feedback-Geber:in. Im Laufe Ihrer Tätigkeit haben Sie oft Feedback gegeben. Manchmal bewusster und überlegter, manchmal eher spontan (vielleicht etwas unüberlegter) oder gar unbewusst. Suchen Sie sich zwei bis drei Situationen, in denen Ihr Feedback augenscheinlich den gewünschten Effekt hatte, und zwei bis drei Situationen, in denen Ihr Feedback augenscheinlich wirkungslos blieb oder vielleicht sogar eher schädlich war. Wichtig hierbei ist, dass Sie Situationen suchen, in denen das Gelingen nicht alleine von der Schüler:in abhing – sondern wahrscheinlich auch auf Ihr Feedback zurückzuführen war.

Welche Faktoren in Ihrem Feedback haben dazu beigetragen, dass es hilfreich oder weniger hilfreich war? Wie haben Sie es gegeben? Welche Differenzen zwischen dem, was Sie ausdrücken wollten, und dem, was ankam, gab es wohl? (Hier können Sie nur spekulieren.) Welchen Einfluss hatten Situation oder Zeit (z. B. Stundenbeginn oder Stundenende, frühmorgens oder mittags, montags oder freitags)? Welche Rolle hat möglicherweise die An- oder Abwesenheit von anderen gespielt? Was können Sie vielleicht häufiger bei der Gestaltung von Feedback nutzen? Welche Ideen haben Sie, wie Sie Feedback noch gestalten können?

Auf der einen Seite gibt es gute und evidenzbasierte Empfehlungen zur Gestaltung von Feedback, auf der anderen Seite gestaltet Feedback zugleich auch immer die Beziehungsebene mit und wird in seiner Wirkung durch die Beziehungsebene beeinflusst. Aus diesem Grund sollte Feedback auch stets auf dieser Ebene feinjustiert werden. Passen Sie die hier gegebenen Empfehlungen deshalb so an, dass Sie zu Ihnen, zu Ihren Schüler:innen und zum Kontext passen.

5.1 Komplimente machen: Ressourcen und Kompetenzen entdecken und fördern

In den vorangegangenen Kapiteln wurde gezeigt, dass das Erleben eigener Kompetenzen und die daraus resultierende Selbstwirksamkeitserwartung bei Lern- und Motivationsprozessen eine entscheidende Rolle spielen. Deswegen sollte Feedback auch immer eine Rückmeldung darüber geben, was die Schüler:in bereits kann, was ihr gut gelingt oder wo sie auf einem guten Weg ist. Insgesamt tun – auch jenseits von Lern- und Leistungsfeedbacks – Komplimente gut. Sie wirken zugleich auf auch der Beziehungsebene. Allerdings müssen Komplimente stets als stimmig und authentisch erlebt werden. Anders als leistungsbezogenes Feedback zielen Komplimente eher auf die Beziehungsebene und das Selbstbild ab, während leistungsbezogenes Feedback eher Rückmeldung auf die Modifikation oder Beibehaltung von Verhaltensweisen intendiert. In der Praxis mischt sich dies vielfach.

Komplimente haben verschiedene Funktionen. (1) Sie signalisieren der Schüler:in einen wohlwollenden, ressourcen- und kompetenzorientierten Blick. Feedback kann bei Schüler:innen generell Stress oder aversive Emotionen auslösen, selbst wenn dies nicht intendiert ist. Lehrer:innen sind die Personen, die eben nicht nur verhaltensorientiertes Feedback geben, sondern die Schüler:innen auch bewerten. Zudem erleben Menschen (also auch Schüler:innen) es häufig als kränkend, wenn ihre Arbeit als nicht perfekt eingeschätzt wird. Diese »Fehlerfeindlichkeit« kann bei entsprechenden Feedbacks ebenfalls zu Stress oder aversiven Emotionen führen. Stress und aversive Emotionen aktivieren tendenziell einen Kampf- oder einen Flucht-Modus oder lösen Erstarren aus. Alle drei Verhaltens- und Erlebensmodi sind für Beratung und Feedbackgespräche nicht hilfreich. Eine fehlerfreundliche und wachstumsorientierte Kultur im Unterricht kann dem entgegenwirken (Kapitel 3.2). Das Geben authentischer und als echt erlebter Komplimente senkt die Tendenz, in eine Verteidigungs- oder Vermeidungshaltung bezüglich Fehlern zu gehen bzw. angesichts möglicher Fehler zu erstarren. Komplimente begünstigen, dass Feedback als wohlwollend erlebt wird. Dies kann eine fehlerfreundliche und wachstumsorientierte Unterrichtskultur fördern.

(2) In Kapitel 3.2 wurde argumentiert, dass eine Kompetenzorientierung innerhalb der Schülerschaft wichtig für das Sozialklima und die Entwicklung der individuellen Leistungen ist. In ebendiesem Abschnitt haben wir auch über die assoziative Aktivierung bzw. das Priming gesprochen. Komplimente,

die auf die Ressourcen und Kompetenzen von Schüler:innen abzielen, aktivieren mit einer hohen Wahrscheinlichkeit entsprechend positiv besetzte mentale Netzwerke im Erleben der Schüler:innen. Dies begünstigt, dass auch die Wahrnehmung der Schüler:innen untereinander (Sozialklima) oder bezüglich der eigenen Kompetenzen und Ressourcen positiver ausfällt.

(3) Letztlich wird durch Komplimente die Beziehung gefördert (Kindl-Beilfuß, 2012). Dass die Beziehung einen erheblichen Einfluss auf das Sozialklima, auf die sozial-emotionale Entwicklung und die Förderung des Lernens hat, haben wir bereits im Kapitel 4 besprochen.

Wie gestalten Sie Komplimente? Wofür können Sie Komplimente geben? Komplimente können in ganz unterschiedlichen Gewändern auftreten. Wichtig dabei ist aber, dass sie glaubwürdig sind. Das heißt, die Empfänger:in muss überzeugt sein, dass das Kompliment genau so gemeint ist, wie es gesagt wurde. Damit ist das Verschenken von Komplimenten mehr eine Haltungsfrage als eine Technik. Im Folgenden finden Sie hilfreiche Fragen, ein Beispiel und ein Anti-Beispiel, die deutlich machen sollen, dass der gleiche Inhalt des Kompliments auch als Anti-Kompliment (defizitorientierte Forderung, Finger in die Wunde legen etc.)[10] verwendet werden kann.

10 Anti-Kompliment bedeutet nicht, dass es schlecht ist. Es lenkt die Aufmerksamkeit nur nicht auf die Stärken und Ressourcen. Oft ist es sogar notwendig und zeugt von Interesse, wenn die Nöte der Schüler:innen wahrgenommen werden. Dann sind es eben nur keine Komplimente. Es würde ja auch keiner bei einem Date sagen: »Du siehst aber schlecht und unausgeschlafen aus, ich mache mir richtig Sorgen!« Trotzdem kann in einer Freundschaft oder einer Partnerschaft so eine Aussage sehr wertvoll sein. So ist es auch in der Schule. Und in diesem Abschnitt geht es um Komplimente, um den Fokus so zu lenken, dass die Schüler:innen sich selbst danach ein Stückchen größer fühlen.

- Was kann die Schüler:in gut? Wo unterstützt sie mich oder die Klasse?

  Beispiel: »Daniel, wo wären wir bloß ohne deine Fähigkeit, Probleme mit dem Beamer so schnell zu lösen?«

  Anti-Beispiel: »Daniel, wenn du doch in Mathe genauso viele Fähigkeiten hättest wie im technischen Bereich.«

- Welche Schwierigkeiten (auch außerschulische) hat die Schüler:in gemeistert? Wie hat sie das geschafft?

  Beispiel: »Svenja, es ist unglaublich. Ich weiß, dass du zu Hause oft auf deine kleinen Geschwister aufpasst und dich um alles kümmerst. Und obwohl du oft sehr müde bist, gibst du dir Mühe, im Unterricht mitzumachen. Wie schaffst du das alles?«

  Anti-Beispiel: »Svenja, ich mache mir große Sorgen. Du musst zu Hause auf deine Geschwister aufpassen, dich um alles kümmern und bist hier in der Schule immer müde. Obwohl du dir Mühe gibst, mitzumachen, sehe ich, wie müde du oft bist.«

- Welche Werte vertritt die Schüler:in? Wofür steht sie?

  Beispiel: »Murat, ich als deine Lehrerin kann es natürlich nicht gutheißen, dass du mir nicht verrätst, wer den Klassenraum derart verschmutzt hat. Aber deine Freunde können sich echt glücklich schätzen, so einen Freund wie dich zu haben. Da gehört schon einiges an Größe und Mut zu – und darum bin ich sehr froh, dass du in unserer Klasse bist.«

  Anti-Bespiel: »Murat, ich finde es gut, dass du so zu deinen Freunden hältst. Aber du solltest dich lieber für die richtige Seite entscheiden und sehen, dass deine Freunde Mist gemacht haben. Vielleicht bist du ja auch mutig genug, mir zu sagen, wer es war!«

Aber auch Kritik kann wie ein Kompliment wirken – allerdings nur, wenn sie klar signalisiert: »Ich traue dir mehr zu und ich bin an dir interessiert.« Dazu sollte das allerdings auch zu den Zielen der Schüler:innen passen. Deshalb ist es wichtig, mit den Schüler:innen maßgeschneiderte und individuell passende Lern- und Entwicklungsziele festzulegen.

5.2 Maßgeschneiderte und passende Lern- und Entwicklungsziele festlegen

Als ich selbst in der achten Klasse war, habe ich beschlossen, auf die aufwendige Gestaltung des Geschichtsordners, die unser Lehrer erwartete, zu verzichten und stattdessen meine Energie auf wesentlich naheliegendere – aber außerschulische – Ziele zu konzentrieren. Dafür habe ich die Sechs in Kauf genommen. Das war aus damaliger Sicht eine gute Entscheidung – und ich habe sie bis heute nicht bereuen müssen. Viele Menschen haben im Laufe ihrer Schulzeit Entscheidungen getroffen, die den übergeordneten Zielen ihrer Lehrer:innen entgegenstanden. Es ist wichtig, zwischen den Zielen, die Sie als Lehrer:in haben, und den Zielen, die die Schüler:innen haben, zu unterscheiden.

In diesem Kapitel geht es darum, wie Sie die Schüler:innen dabei unterstützen können, passende Ziele zu finden und sich diesen zu verschreiben. Denn erst, wenn eine Person eine Zielbindung hat, ergibt Feedback Sinn. Wer ein Feedback zur Zielerreichung für ein Ziel bekommt, das er nicht erreichen möchte, der wird das Feedback nicht oder nicht optimal nutzen. Oft ist es für Lehrer:innen eine große Herausforderung, Ziele anzuerkennen und ggf. zu unterstützen, die den Unterrichtszielen oder sogenannten »pädagogischen« Zielen entgegengesetzt sind. Es ist oft eine Gratwanderung und eine Belastungsprobe für unsere Toleranz. Deswegen lade ich Sie zunächst zum nächsten Reflexionsimpuls ein, bevor es darum geht, wie Sie Schüler:innen bei der Entwicklung individuell passender Ziele unterstützen.

Reflexionsimpuls
Wann haben Sie als Schüler:in andere Prioritäten gesetzt, als Ihre Lehrer:innen oder Ihre Eltern es getan hätten? Was waren Ihre Gründe? Wie bewerten Sie es aus heutiger Sicht? Was war an der Entscheidung für Ihre Entwicklung förderlich? Wo sind vielleicht Probleme entstanden? Wenn es Probleme gab: Waren die Probleme vielleicht auch – aus heutiger Sicht betrachtet – für etwas gut? Haben sie Entwicklungen angeregt oder Möglichkeiten eröffnet? Was würden Sie aus heutiger Sicht anders machen? Was spielt aus heutiger Sicht gar keine Rolle mehr und kann Sie deswegen gelassen machen?

Halten Sie diese Erfahrung und diese Reflexion einen Moment lang präsent und überlegen Sie, bei welchen Schüler:innen Sie dadurch mehr Gelassenheit entwickeln könnten? Bei welchen Schüler:innen sollten Sie durch diese Übung lieber nicht gelassener werden?

Je nach Alter und je nach familiären Bedingungen müssen Kinder und Jugendliche eine ganze Menge Aufgaben und Anforderungen gleichzeitig bedienen. Einige dieser Anforderungen sind schulische Anforderungen. Andere sind vielleicht emotionale Anforderungen. Konflikte in der Familie, Peer-Akzeptanz finden, die erste Liebe usw. binden Energie, Zeit und Emotionen. Manchmal ist subjektiv die Bewältigung solcher Themen deutlich höher priorisiert als schulische Ziele. Zudem neigen viele Menschen dazu, Ziele, die kurzfristig mehr Aufmerksamkeit fordern (z. B. Konflikte), höher zu priorisieren als das Verfolgen langfristiger Ziele. Schulische Ziele sind in der Regel langfristige Ziele. Beim Entwickeln individuell passender

Lern- und Entwicklungsziele brauchen Schüler:innen oft Unterstützung, die richtige Balance zu finden. Langfristig günstige Ziele wie Bildung geraten hin und wieder aus dem Blick, und es ist oft Ihre Aufgabe, diese wieder in den Fokus zu rücken und Zielbindung zu begünstigen.

Gleichzeit ist Schule nicht alles. Lehrer:innen sind mitunter auch Berater:innen bei Lebensfragen, Sorgen und Nöten. Manchmal stehen auch ressourcenvolle Entscheidungen an, die mit schulischen Zielen konkurrieren. Einer meiner (Haupt-) Schüler (9. Klasse) hatte beispielsweise das Angebot, als Schlagzeuger bei einer bekannten amerikanischen Band mitzuspielen. Welche eine Riesenchance(!). Schulische Ziele sind verständlicherweise in den Hintergrund gerückt. Bei vielen Schüler:innen ergeben sich ressourcenvolle Chancen, die nicht so spektakulär sind und doch individuell viel Zeit und Aufmerksamkeit binden. Manchmal reicht es bereits aus, um diese individuell sehr unterschiedlichen Anforderungen, Schwierigkeiten und Chancen zu wissen und sie bei der individuellen Zielfindung zu berücksichtigen.

Mit Blick auf das Motivieren durch Feedback ist es wichtig, realistische und passende Ziele festzulegen. Und Ihr Fokus als Lehrer:in liegt dabei in erster Linie auf den Lernzielen, auf schulrelevanten sozial-emotionalen Zielen oder auf Interaktionszielen, die die Schulgemeinschaft im weitesten Sinne betreffen. Damit die Ziele jedoch passend und realistisch sind, ist es oft wichtig, die obengenannten Faktoren mitzubedenken (Hofer, 2004). Wie kann man Schüler:innen einladen, sich selbst Lern- und Entwicklungsziele zu setzen?

Eine gut bewährte und abgesicherte Formel für Leistungsmotivation lautet: Motivation ist das Produkt aus Erwartung mal Wert (Brunstein & Heckhausen, 2018). Die Erwartung bezieht sich auf die Erwartung, das Ziel erreichen zu können, und der Wert bezieht sich auf den Benefit, den die Person durch Erreichen des Ziels bekommt. Ist in einer Multiplikation einer der beiden Faktoren null, ist auch das Gesamtergebnis gleich null. Das gilt auch für die Formel der Leistungsmotivation. Deswegen ist das Setzen realistischer Ziele wichtig. Die Funktion von Feedback kann hier darin bestehen, den Schüler:innen das Erreichte aufzuzeigen. Oder Sie zeigen Wege und Chancen auf, die das scheinbar Unerreichbare erreichbar werden lassen.

Allerdings gibt es ja auch noch die Wertkomponente. Und auch wenn diese null ist, entsteht keine Motivation. Stellen wir uns als Beispiel vor, eine Schüler:in sollte sich als Lernziel setzen, die binomischen Formeln zu verstehen. Es ist oft schwer zu vermitteln, welchen Benefit die Schüler:in davon hat, dieses Ziel zu erreichen. Die scheinbar einfachste Möglichkeit besteht darin, über die bessere Mathenote zu argumentieren. Das wäre eine extrinsische Motivation – und wenn es das übergeordnete Ziel der Schüler:in ist, sich schulisch zu verbessern, könnte diese Argumentation funktionieren. Noch besser wäre es, wenn das Argument nicht von Ihnen, sondern von der Schüler:in selbst kommt – und ehrlich gemeint ist. Manchmal ist extrinsische Motivation notwendig und sinnvoll.

Allerdings kann die extrinsische Motivation einige gravierenden Nachteile haben. Erstens ist die Mathenote noch zeitlich weit entfernt und die Schüler:in muss heute bereits in Vorleistung gehen. Die meisten Menschen (und nicht nur Schüler:innen) haben mehr Schwierigkeiten damit, langfristige Ziele zu verfolgen, wenn der Erfolg lange auf sich warten lässt und die Investition mental »teuer« ist (Steel u. a., 2018). Zweitens verbessert sich die Mathenote vielleicht nicht, obwohl die Schüler:in die binomischen Formeln besser verstanden hat. Es spielen meistens viele Faktoren eine Rolle. Drittens konkurrieren oft affektiv höher bewertete Ziele, und es ist viel mentale Energie notwendig, das eigentliche Ziel gegen Ziele, die schneller Erfolge oder Gewinne versprechen, abzuschirmen.

Welche Möglichkeit gäbe es, die Wertkomponente zu steigern – und mit ihr die Motivation?

Für die meisten Menschen ist das Erleben von Kompetenzzuwachs mit Gefühlen von Stolz oder Freude verknüpft. Das Erleben von Kompetenzzuwachs kann damit selbst zur Wertkomponente werden. Der Vorteil hierbei ist, dass auf diese Weise eine emotionale Zielbindung entstehen kann. Feedbacks können durch geschickte Lenkung der Aufmerksamkeit auch das Erlernen »langweiliger« Inhalte zu einem Kompetenzerlebnis machen. Allerdings müsste sich die Schüler:in zunächst das Ziel setzen und eine Zielbindung aufbauen, so dass sie es auch tatsächlich umsetzt. Denn sonst stellen sich keine Erfolge und damit kein Kompetenzzuwachs ein. Vielfach ist es günstig, wenn die Schüler:in die Zielvorstellung antizipiert: »Stell dir einmal vor, du würdest morgen früh bemerken, dass du die binomischen Formeln versteht – und dass du auf einmal in Mathe richtig gut wirst. Wie würdest du dann gehen oder dich bewegen?«[11] Vielfach hängen unsere Bewegungen und unsere Körperhaltung eng mit unseren Emotionen zusammen. Der Vorteil, nach Körperhaltung oder nach Bewegungen zu fragen, besteht darin, dass damit meistens die dazugehörigen Emotionen aktiviert werden (Tschacher & Storch, 2010). Diese können Sie der Schüler:in dann geschickt spiegeln: »Also irgendwie sieht das fast so aus, als wärst du sogar ein bisschen stolz. Stimmt das?« Auf diese Weise gelingt es oft, Emotionen mit der Zielerreichung zu verknüpfen. Das begünstigt die Wahrscheinlichkeit, dass die Schüler:in bereit ist, sich dieses Ziel auch zu setzen. An dieser Stelle kann es den Effekt verstärken, wenn Sie durch Komplimente den Fokus darauf lenken,

11 Dieser Ansatz ist der »Wunderfrage« aus der lösungsorientierten Kurzzeittherapie entlehnt. Den ganzen Ansatz der Wunderfrage finden Sie bei De Shazer und Dolan (2020).

was die Schüler:in (vielleicht in anderen Domänen) schon erreicht hat. Möglicherweise hat sie die Fähigkeit, sich durchzubeißen (nur bislang noch nicht so auffällig bei schulischen Angelegenheiten). Hier können Sie Komplimente integrieren, wenn es sich anbietet.

Achten Sie jedoch darauf, dass die Ziele zu der Schüler:in passen. Manchmal kann es wichtiger sein, irgendwo anders Kompetenzsteigerung und Erfolg zu erleben, als ausgerechnet die binomischen Formeln zu erlernen.

5.3 Zielbindung aufbauen – Verbindlichkeit einfordern

Ein häufiger Fehler besteht darin, bereits zufrieden zu sein, wenn die Schüler:in sich ein Ziel gesetzt hat. Denn oft führt bereits die Zielvorstellung und die Tatsache, dass man sich ein Ziel gesetzt hat, zu (kurzfristiger) Zufriedenheit. Forschungsarbeiten konnten wiederholt zeigen, dass das reine positive Visualisieren eines Zielzustandes zwar oft mit positiven Emotionen, jedoch nicht mit Zielerreichung verknüpft ist (Oettingen u. a., 2010). Eine effektive Maßnahme dagegen ist das *mentale Kontrastieren* (Duckworth u. a., 2011).

Die Grundlogik des mentalen Kontrastierens besteht darin, dass die attraktive Zukunftsvision (z. B.: »Ich bin stolz auf mich, weil ich Mathe verstehe«) mit einer wahrscheinlichen Realität kontrastiert wird: »Stell dir mal vor, du könntest so stolz sein, aber du würdest einfach nicht mit dem Lernen beginnen … Wie wäre das?« Auf diese Weise würde die Schüler:in dosiert eine negative Vision aufbauen, die sie vermeiden möchte. Das Ziel der Intervention ist es, dass die Schüler:in durch das Kontrastieren beider Zukunftsmöglichkeiten eine höhere Zielbindung aufbaut. Diese benötigt sie, weil sie auch hier in Vorleistung gehen muss.

Duckworth und Kolleg:innen (2011) haben herausgefunden, dass es für die verbindliche Umsetzung von Zielen sehr förderlich ist, wenn kleine Verhaltensziele an Bedingungen gekoppelt werden. Dies kann durch einfache Wenn-dann-Sätze geschehen (Gollwitzer, 1999), die verabredet werden. Viele Forschungsarbeiten zeigen sehr zuverlässig, dass diese Wenn-dann-Sätze, auch »implementation intentions« genannt, zu einer sehr viel größeren Verbindlichkeit bei der Umsetzung von Zielen führen (Gollwitzer & Brandstätter, 1997). Die einfachste und pragmatischste Möglichkeit besteht darin, die Schüler:in zu fragen, was sie wann machen möchte. Verabreden Sie konkrete Teilaufgaben, die erstens schnell Erfolge bringen und die zweitens an simple Kontextbedingungen gekoppelt sind: »Du willst mit X beginnen, sobald du zu Hause bist. Wie stellst du das sicher?« – »*Wenn* ich zu Hause bin, *dann* gehe ich gleich an meinen Schreibtisch und mache die Aufgabe. Danach bekommen Sie eine kurze Nachricht über *itslearning*!« – »Dann kannst du echt stolz auf dich sein!«

Planen Sie im selben Schritt schon eine Gelegenheit für ein schnelles Erfolgsfeedback mit ein. Manchmal ist bereits der erste Erfolg, dass die Schüler:in tatsächlich angefangen hat zu arbeiten. Die Gelegenheit für das Feedback sollte möglichst zeitnah sein. In der Regel erhöht auch das Wissen darum, dass es ein Feedback geben wird, die Verbindlichkeit bei der Umsetzung.

5.4 Autonomie bei der Zielerreichung gewähren – Unterstützung anbieten

Bei der Umsetzung benötigen die Schüler:innen unterschiedlich viel Unterstützung, und auch Sie können nicht beliebig viele Schüler:innen gleichzeitig unterstützen. Daher ist es sinnvoll, so viel Autonomie wie möglich bei der Zielerreichung zu gewähren. Eine hilfreiche Idee kann es sein, andere Schüler:innen oder bestimmte Materialien als Unterstützungsangebot von vornherein mit einzuplanen. Wie das gelingt, wird in Kapitel 7 vertieft. Solches Arbeiten ist anfänglich sehr zeit- und arbeitsaufwendig. Das übergeordnete Ziel ist es jedoch, dass die Schüler:innen Erfolg und Kompetenzzuwachs erleben. Das steigert die generelle Lern- und Arbeitsmotivation. Die Schüler entwickeln nach und nach effektive Routinen, und das Arbeiten wird auf diese Weise immer selbständiger. Sie bekommen dadurch mehr Handlungsspielraum für gezieltes Feedback.

Feedback ist besonders dann wirksam, wenn es keine Einbahnstraße ist (s. o.). An dieser Stelle des Prozesses geht es darum, Schüler:innen möglichst gut dabei zu unterstützen, um am Ende zu Erfolgserleben zu gelangen. Sie können Schüler:innen fragen, was diese benötigen, um besser zu lernen, was ihnen hilft, was sie eher hindert usw. Wenn wir konsequent Schüler:innen auf diese Weise als kompetente Ansprechpartner in Sachen ihres eigenen Lernprozesses um Feedback für die Gestaltung unserer Unterstützungsmöglichkeiten bitten, hat das gleich mehrere günstige Effekte: Erstens können wir unsere Angebote passgenauer gestalten. Zweitens laden wir die Schüler:innen auf diese Weise ein, ihren Lernprozess zu reflektieren und somit nach und nach ein metakognitives Wissen um die Lernprozesse zu entwickeln. Drittens erleben die Schüler:innen sich durch diese neue Rolle als zunehmend kompetenter, da wir ihnen mehr Kompetenz zugestehen und zuschreiben. Damit laden wir die Schüler:innnen viertens ein, mehr Verantwortung für ihren Lernprozess zu übernehmen.

Allerdings scheinen Schüler:innen, die diese Art von Feedback nicht gewohnt sind, zunächst mit der Aufgabe oft überfordert zu sein. Die Erfahrung zeigt jedoch, dass sie sich an diese neue Rollenzuschreibung gewöhnen und lernen, hilfreiche Feedbacks zu geben. Manchmal benötigen alle Beteiligten Geduld. Transparenz im Vorgehen (»Warum machen Sie was?«) ist für die Schüler:innen hilfreich.

Viele Lehrer:innen, mit denen ich arbeite, haben die Befürchtung, dass die Arbeit, die auf sie zukommt, nicht zu bewältigen ist – v. a. angesichts sehr großer Lerngruppen. Es lässt sich nicht bestreiten, dass ein solches Vorgehen anfangs eine enorme Zeitinvestition ist. Aber es lohnt sich. Erfahrungsgemäß können zwei Gedanken hilfreich sein: Erstens können Sie mit einer kleinen, überschaubaren Anzahl von Schüler:innen beginnen. Sie bauen die Unterstützung Schritt für Schritt auf. Die Ansätze der Teamentwicklung und des kooperativen Lernens (Kapitel 7) sind hier hilfreich. Classroom Management bedeutet, Strukturen aufzubauen, die solche Prozesse begünstigen. In der Regel bedingen Prozesse und Strukturen sich und müssen miteinander wachsen. Zweitens sind Sie nicht allein. Denken Sie – wenn irgend möglich – im Team. Beziehen Sie Kolleg:innen mit ein. Es profitieren alle, wenn Sie gemeinsam funktionierende Prozesse und Strukturen aufbauen.

5.5 Schwierigkeiten neu denken – und neue Verabredungen treffen

Wer sich Ziele setzt, erreicht sie nicht immer. Scheitern ist aber auch eine gute Option zum Wachsen. Denken Sie an die wachstumsorientierte und fehlerfreundliche Unterrichtskultur (Kapitel 3.2.2). Es kann vielfältige Gründe geben, warum man ein Ziel nicht erreicht. Dabei ist zunächst die Unterscheidung wichtig, ob man es nicht erreicht, weil man die entsprechenden Zielhandlungen unterlässt oder weil die Zielhandlungen nicht zum Erfolg führen. Beim Geben von Feedback, das darauf abzielt, Schwierigkeiten zu überwinden, sollten die Ursachen ggf. erfragt und berücksichtigt werden. Auch hier kann die Unterscheidung zwischen Erwartung und Wert (im Sinne der Erwartung-mal-Wert-Theorie; Kapitel 5.2) hilfreich sein. Es ist für Lehrer:innen, die passende Angebote machen möchten, wichtig zu wissen, ob die Schüler:in keinen Wert in einer Handlung bzw. einer Aufgabe sieht oder ob sie es sich nicht zutraut.

Werden Zielhandlungen nicht ausgeführt, sollte das wechselseitige Feedback darauf abzielen, Hindernisse zu verstehen und zu überwinden. Typische Ursachen sind (1) eine unzureichende Zielbindung, (2) mangelnde Selbstwirksamkeitserwartung bezogen auf die Zielerreichung oder (3) falsch oder unzureichend geplante Ausführungsbedingungen (z. B. zu wenig Zeit eingeplant). Lehrer:innen können von Schüler:innen Feedback erbitten, wie sie diese bei einer Korrektur bzw. Modifizierung der Ziele oder geplanten Zielhandlung besser unterstützen können.

Beispielsweise könnte eine Lehrer:in eine Schüler:in zu sehr zu einem Ziel gedrängt haben, oder die Schüler:in hat sich gedrängt gefühlt und deshalb dem Ziel zugestimmt. Letzten Endes resultiert daraus eine mangelhafte Zielbindung, denn die Schüler:in ist mit dem Ziel nicht hinreichend identifiziert. Aus diesem »Scheitern« kann die Lehrer:in lernen, die Schüler:in besser abzuholen und mitzunehmen.

Wird eine Lehrer:in hier als authentisch Lernende wahrgenommen, wird es für die Schüler:in tatsächlich sinnvoll, ihr ein Feedback darüber zu geben, was ihr hilft, passendere Angebote zu machen (z. B. eine Schüler:in bei der Zielfindung besser abzuholen). Dieses neue Ziel kann dann direkt gesucht werden. Der Feedback-Prozess hilft, aus dem Scheitern zu lernen. Damit haben Schüler:in und Lehrer:in auf der Meta-Ebene ein gemeinsames neues Ziel, mit dem sie erfolgreich sein können:

ein Ziel zu finden, dass für die Schüler:in und deren Lernprozess sinnhaft und zugleich erreichbar ist. Übrigens: Gemeinsame Erfolge stärken in der Regel die Beziehungsebene.

Das Verstehen, worin das Scheitern begründet liegt, und das gemeinsame Erarbeiten von passenden und realistischen Lösungen kann die Ernsthaftigkeit und die Motivation von Schüler:innen steigern. Hierfür sind wechselseitige Feedbackprozesse notwendig. In der Schule gilt es häufig den Balanceakt zwischen Erfüllung des Curriculums und individuell passender Förderung zu gestalten.

Eine zweite Schwierigkeit besteht darin, dass die Zeit für individuelle Feedbackgespräche nicht ausreicht. Aus diesem Grunde kann es sich anbieten, die Logik des Wachsens am Scheitern selbst vorzuleben und zugleich öffentlich Feedbackprozesse zu gestalten, so dass die Schüler:innen am Modell lernen können. Dabei sollte unbedingt sichergestellt werden, dass die Schüler:in, die ein erfolgsorientiertes Feedback bezogen auf ihr punktuelles Scheitern bekommt, keinen Gesichtsverlust erlebt – auch nicht subjektiv, sondern dass sie idealerweise mit gestärktem Selbstwertgefühl aus der Situation herausgeht.

Reflexionsimpuls
Versetzen Sie sich zurück in die Zeit, als Sie selbst noch Schüler:in waren. Stellen Sie sich bitte vor, Sie hätten ein vereinbartes Ziel nicht erreicht und Ihre Lehrer:in hätte Ihren Misserfolg als Anlass genommen, dass die gesamte Klasse daran lernen kann, wie man aus Misserfolg die notwendigen Schritte zum Erfolg ableitet (im Sinn, wie es oben beschrieben ist). Wie hätte Ihre Lehrer:in agieren können, damit Sie sich bloßgestellt oder beschämt gefühlt hätten? Wie hätten sie agieren können, damit Sie gestärkt aus der Situation herausgehen?

Grundsätzlich können Sie bereits aus dem Reflexionsimpuls erste Ideen ableiten, wie es Ihnen gelingen kann, öffentlich solche Feedbackprozesse zu gestalten. Es ist jedoch immer eine gute Idee, wenn Sie mit der Schüler:in zuvor sprechen und mit ihr gemeinsam planen, wie Sie diesen öffentlichen Feedbackprozess gestalten. Was wäre für die Schüler:in hilfreich? Was will sie überhaupt nicht? Allein durch diese Absprachen formuliert die Schüler:in für sich selbst passende Gelingensbedingungen. Ein solches Vorgespräch benötigt zwar etwas Zeit, allerdings sollte es auch dazu führen, dass Sie mittelfristig Zeit einsparen. Denn das gemeinsame Lernen, aus Misserfolgen neue Schritte zu generieren, ist z. B. auch für die Teamentwicklung wichtig (Kapitel 7). Hier geht es darum, dass die Schüler:innen in kleinen Teams sich gegenseitig Feedback geben und daraus neue Ziele ableiten, die sie erfolgreich erreichen können.

6 Lernförderliches und gemeinschaftsorientiertes Verhalten mit der ganzen Lerngruppe aufbauen und aufrechterhalten

Jacob Kounin hat als erste Dimension des Classroom Management Disziplinierung postuliert. Auch wenn wir diese Begrifflichkeit heute so nicht mehr verwenden und wenn wir heute oftmals einen anderen Blick darauf haben, geht es im Kern darum, dass nicht jeder macht, was sie/er will. Unterricht gelingt vor allem, wenn die Aktivitäten aller Akteure die Lernprozesse begünstigen. Wie das als gemeinsame Aufgabe gelöst wird, darum geht es in diesem Kapitel.

Lassen Sie uns vorab mit einem Vorurteil aufräumen: Viel zu oft glauben Lehrer:innen, Schüler:innen und Eltern, dass die Herstellung eines guten Arbeitsklimas und guter Arbeitsbedingungen im Klassenzimmer allein in der Verantwortung der jeweiligen Lehrer:innen läge. Das ist aus mehreren Gründen eine problematische Überzeugung.

Erstens ist Schule idealerweise ein Ort des gesellschaftlichen Lernens. Hier kann, soll und muss Demokratie und gelingendes Miteinander gelernt und geübt werden (Wohnig, 2017). Wird in der Schule die alleinige Verantwortung für das Arbeitsklima (z. B. das Einhalten von Regeln) bei der Lehrer:in gesehen, die sich durchsetzen muss, wird damit die Verantwortung an die »Obrigkeit« abgegeben. Verstehen hingegen alle Akteure das Schaffen geeigneter Bedingungen für das Lernen als gemeinsame Aufgabe, kann hier Demokratie und Verantwortung füreinander gelernt werden (Kapitel 4.2). In der Regel können Schüler:innen das nicht immer ganz selbstverständlich. Oft ist der Prozess, dies zu erarbeiten, für alle mühsam. Aber vor allem ist das eine Lernchance für die Demokratie

Zweitens könnte die Lehrer:in Gefahr laufen, durch diese alleinige Verantwortung übermäßig belastet zu werden. Das passiert vor allem in Lerngruppen, in denen die Schüler:innen (aus welchen Gründen auch immer) nicht bereit sind, sich an die Regeln zu halten. Lehrer:innen können wenig ausrichten, wenn Schüler:innen nicht wollen, denn diese sind ja keine Marionetten. Vielfach entstehen durch die Annahme, die Lehrer:innen seien für die Einhaltung der Regeln verantwortlich, ungünstige Teufelskreise, die sich selbst aufrechterhalten. Will eine Lehrer:in dieser Verantwortung in einer Klasse gerecht werden, in der sich die Schüler:innen wenig aus Regeln machen, neigt sie vielleicht dazu, mehr zu sanktionieren. Dadurch wird die Beziehungsebene beeinträchtigt, und die Schüler:innen reagieren mit verstärktem Widerstand, d.h. mit mehr Regelverletzungen. Der Lösungsversuch verschärft das Problem. Zugleich wird sich die Lehrer:in wahrscheinlich als insuffizient erleben. Ihre schulbezogene Selbstwirksamkeit wird vermutlich sinken. Aber auch in weniger eskalierten Lerngruppen kann diese Annahme der alleinigen Verantwortung zu hohem Belastungserleben führen. Viele Lehrer:innen berichten, dass sie nach dem Unterricht sehr erschöpft sind, weil sie die ganze Zeit präsent sein und »wie die Schießhunde« aufpassen müssen.

Drittens wird durch die Annahme der einseitigen Verantwortung zugleich auch ein für das Lernen problematisches Rollen- und Beziehungsmodell konstituiert. Wer verantwortlich ist, Regeln durchzusetzen, der braucht Macht und Sanktionierungsmöglichkeiten. Abgesehen davon, dass das für viele Lehrer:innen eine Illusion ist, begünstigt diese Rollenverteilung – Führer:in[12] und Geführte – nicht die Entwicklung intrinsischer Motivation.

12 Ich habe mich bewusst für den Begriff »Führer:in« entschieden – mit all seinen Assoziationen.

Bedeutet das, dass Sie als Lehrer:in keine Verantwortung für das Gelingen von Unterricht, für die Lernatmosphäre und das Einhalten der Regeln haben? Nein, das heißt es nicht. Sie haben eine ganz besondere Verantwortung, aber nicht die alleinige. Es ist in Ihrer Verantwortung, den Schüler:innen immer wieder attraktive Angebote zu machen, in denen sie ein gelingendes Miteinander und das Einhalten von Regeln lernen können. Sie sind dafür verantwortlich, Bedingungen zu schaffen, die möglichst günstig sind, und Sie sind auch dafür verantwortlich, die Prozesse zu gestalten, die dieses Miteinander begünstigen. Für das Ergebnis sind aber alle gemeinsam verantwortlich: »Man kann ein Pferd zur Tränke führen, saufen muss es schon selbst« (John Maynard Keynes).

In der Regel kann man nicht erwarten, dass Schüler:innen diese Verantwortung sofort übernehmen können. Sie müssen es aber Schritt für Schritt erlernen. Wie das funktionieren kann, stelle ich Ihnen in diesem Kapitel vor. Dabei greife ich auf bewährte und empirisch abgesicherte Verfahren zurück. Die Darstellung in einem Buch suggeriert, dass die Prozesse stringent nacheinander ablaufen. Das ist oft nicht der Fall. Die Schritte, die ich hier vorstelle, können als Orientierung verstanden werden. Ich lade Sie jedoch ein, diese kreativ so zu verändern, dass sie zu Ihnen und Ihrer Lerngruppe passen. Das Wichtigste dabei ist, dass Sie die Schüler:innen einladen mitzugestalten. Oft kommen die besten Ideen von den Schüler:innen. Geben Sie ihnen so viel Hintergrund- und Prozessinformationen wie nötig. Wenn Sie wollen, dass die Schüler:innen Verantwortung übernehmen, braucht es auch in den Prozessen Transparenz.

6.1 Die Ist-Situation: Ressourcen und Bedarfe feststellen

Im ersten Schritt sollte weitgehende Einigkeit darüber erzeugt werden, welche Veränderungsbedarfe es gibt. Das gelingt am besten, wenn erstens die Schüler:innen selbst die Veränderungsbedarfe identifizieren und benennen und wenn zweitens die Schüler:innen zugleich auch mindestens genauso viele Ressourcen der Lerngruppe wahrnehmen.

(1) Es ist wichtig, dass die Schüler:innen selbst die Veränderungsbedarfe benennen, denn das Entwickeln einer lernförderlichen und gemeinschaftsorientierten Umgebung im Klassenzimmer ist eine gemeinsame Aufgabe. Partizipation der Schüler:innen sollte hier im Mittelpunkt stehen. Das fördert zugleich die Wahrscheinlichkeit, dass die Zielbindung hoch ist. Erfahrungsgemäß wissen die Schüler:innen sehr gut um die Baustellen in der Klasse. Sie wissen oft viel besser, was nicht funktioniert, als was funktioniert.

(2) Besonders »schwierige« Klassen wissen oft, wo es bei Ihnen nicht gut läuft und was verbessert werden sollte. Und genau hier liegt das Problem. Die Schüler:innen nehmen nicht wahr, was gut läuft. Daher laufen sie Gefahr, erstens zu wenig Wirksamkeitserwartung hinsichtlich möglicher Verhaltensänderungen aufbauen zu können. Zweitens besteht die Gefahr, wenn die Defizite zu stark im Fokus der Aufmerksamkeit sind, dass die Schüler:innen mangels positiver Identifikationsmöglichkeiten sich mit den »Defiziten« identifizieren bzw. diese selbstwertdienlich als Stärken umdeuten (»Wir können jede Vertretungslehrerin innerhalb von drei Minuten in die Flucht schlagen!«; »Wir sind die Chaoten der Schule und sind bei allen Lehrern gefürchtet!«). Aus diesem Grund ist es wichtig, dass die Klasse selbst ihre Ressourcen und Stärken formuliert. Sie als Lehrer:in sollten darauf achten, dass mehr Ressourcen und Stärken als »Baustellen« gefunden werden.

Oft tendieren Klassen dazu, mehr Defizite als Ressourcen zu benennen. Sie können das gezielt regulieren, indem Sie eine Quotenlösung schaffen. Sie geben z. B. genauso viele rote wie grüne Moderationskarten, auf denen die Schüler:innen Schwächen und Stärken schreiben können. Allerdings sollten die Ressourcen und Stärken wirklich und authentisch gewürdigt werden. Dies ist in der Regel effektiver, wenn die Schüler:innen das selbst tun, als wenn nur Sie als Lehrer:in die Stärken würdigen. Hilfreiche Fragen, um die Würdigung durch die Schüler:innen zu stimulieren, sind:

- Welche Vorteile, Chancen, Gelegenheiten bringen diese Stärken? Wofür sind sie gut?
- Wie würde ich diese Stärken bemerken, wenn ich euch neu kennenlerne?
- Wie würden andere positiv über euch sprechen, wenn sie diese Stärken bemerken? Was würden sie sagen?

6.2 Realistische und bedeutsame Veränderungsbereiche auswählen

Nachdem die Lerngruppe im vorangegangenen Schritt Bereiche identifiziert hat, in denen es Veränderungsbedarf gibt, legen die Schüler:innen in diesem Schritt ein konkretes Verhaltensziel fest, das sie erarbeiten möchten. Dabei ist es wichtig, dass das gesetzte Verhaltensziel für die Schüler:innen erstens relevant ist (Eichhorn & von Suchodoletz, 2013). Das bedeutet, dass für die Lerngruppe ein spürbarer Benefit entstehen sollte, wenn die Schüler:innen ihr Verhalten entsprechend verändern.

Zweitens sollte das Verhaltensziel für diese konkrete Lerngruppe realistisch und erreichbar sein (Eichhorn & von Suchodoletz, 2013). Ist es das nicht, entsteht ggf. Frust und Enttäuschung, oder die Selbstwirksamkeitserwartung wird beeinträchtigt. Selbstverständlich gilt auch hier, dass die Lerngruppe an ihrem Scheitern wachsen kann – allerdings nur dann, wenn das erlebte Scheitern des Ziels als Anlass genutzt wird, ein passenderes Ziel zu bestimmen. Die Erfahrung zeigt, dass es oft sinnvoll ist, die zeitliche Dimension eines Zieles anzupassen bzw. schon von Beginn an realistisch zu definieren. Stellen Sie sich beispielsweise eine Lerngruppe vor, deren Schüler:innen Schwierigkeiten haben, während der Stillarbeitsphase ruhig zu arbeiten und die Impulse zu unterdrücken, in die Klasse zu rufen und aufzustehen. Wenn die Klasse sich nun vornimmt, eine halbe Stunde absolut leise zu arbeiten, obwohl ihnen schon drei Minuten schwerfallen, dann ist Misserfolg wahrscheinlich vorprogrammiert. Ein realistisches Ziel könnte dann in der zeitlichen Beschränkung desselben Ziels bestehen: »Wir nehmen uns vor, fünf Minuten absolut ruhig zu arbeiten!« Damit das gelingt, brauchen Schüler:innen häufig die Unterstützung von Lehrer:innen. Realistische Verhaltensziele haben den Vorteil, dass ihr Erreichen mit Erfolgserleben einhergeht. Und Erfolg ist eine gute Voraussetzung für weiteren Erfolg.

Hin und wieder diskutiere ich in meinen Fortbildungen mit Lehrer:innen darüber, dass es für sie nicht akzeptabel ist, wenn die Schüler:innen sich Verhaltensziele setzen (und später für das Erreichen dieser Ziele auch noch bestärkt werden), wenn es sich bei den Zielen doch um sogenannte Selbstverständlichkeiten handelt. Das ist ein sehr wichtiger Aspekt. Es ist wenig sinnvoll, Ziele zu setzen, die man ohnehin erreichen kann. Dann finden kein Kompetenzzuwachs und kein Erfolgserleben statt. Allerdings ist es auch wichtig, das Selbstverständliche nicht aus einer normativen Perspektive zu definieren (»In einer fünften Klasse sollte man aber …«), sondern immer im Abgleich mit den tatsächlichen Gegebenheiten und realen Verhaltensweisen der Schüler:innen. Während es für viele fünfte

Klassen selbstverständlich ist, zehn Minuten konzentriert zu arbeiten, ist es für die spezifische Klasse 5c, die Sie unterrichten, bereits eine Herausforderung, sich auch nur drei Minuten zu konzentrieren. Fünf Minuten Stillarbeit wäre also ein echter Fortschritt und keine Selbstverständlichkeit.

Drittens ist es meistens leichter, ein Ziel zu erreichen, das auf den Aufbau von Verhaltensweisen abzielt als auf das Abbauen von Verhaltensweisen. Ein Beispiel für das Aufbauen von Verhalten ist das schnelle und leise Herausholen der Materialien zum Stundenbeginn. Ein Beispiel für das Abbauen von Verhaltensweisen ist es, dass die Schüler:innen lernen sollen, nicht mehr in die Klasse zu rufen oder nicht mehr durch den Raum zu laufen, wenn sie dies zuvor gewohnheitsmäßig getan haben. Vielfach sind Ziele, die an der Impulskontrolle ansetzen, anfangs schwieriger, weil viele Faktoren hier eine Rolle spielen. Trotzdem können auch Ziele erreicht werden, die auf das Abbauen von Verhalten und das Unterdrücken von Impulsen abzielen (Kapitel 6.6). Manchmal ist es gerade zu Beginn einfacher, schnell und leicht erreichbare Ziele zu wählen. Sie können gemeinsam mit Ihrer Lerngruppe die Schwierigkeit von Ziel zu Ziel steigern.

Viertens können mit diesem Verfahren nur konkrete Verhaltensweisen eingeübt werden. Das bedeutet, dass das Veränderungsziel auf eine oder mehrere konkrete Verhaltensweisen abzielen sollten. Einstellungen und Haltungen können nicht auf diese Weise verändert werden. Ein hilfreiches Bild ist das Einüben einer kleinen Theaterszene. Alles, was man in das Drehbuch schreiben könnte, kann hier eingeübt werden. Man kann beispielsweise einüben, sich ausreden zu lassen. Man kann mit diesem Vorgehen aber nicht Respekt einüben.

6.3 Die Motivation klären und eine Vereinbarung treffen

Wichtig für den Erfolg ist es, dass die Schüler:innen das verabredete Verhalten tatsächlich zeigen. Denn nur dann können sie Erfolg erleben, und nur dann können Sie als Lehrer:in das Verhalten verstärken (Kapitel 6.6). Deshalb ist es wichtig, die Motivation zu klären und eine verbindliche Verabredung zu treffen.

Es ist zu erwarten, dass die Schüler:innen eine grundlegende Bereitschaft zeigen, das Verhaltensziel erreichen zu wollen. Schließlich haben sie in den beiden vorangegangenen Schritten diesen Verhaltensbereich selbst ausgewählt. Schon aus diesem Grund ist es wichtig, die Schüler:innen in den beiden Schritten (Kapitel 6.1 und 6.2) mitzunehmen. Allerdings ist eine diffuse Änderungsbereitschaft (»Man müsste mal …«) meistens noch keine tragfähige Änderungsmotivation. In diesem Schritt geht es darum, diese Änderungsbereitschaft in eine Änderungsmotivation zu überführen und schließlich die Lerngruppe dahin zu begleiten, dass sie gemeinschaftlich eine verbindliche Vereinbarung trifft, dieses Verhalten aufzubauen.

Hierfür sollte zunächst die Motivation explizit geklärt werden. Im Sinne der Erwartung-mal-Wert-Theorie (Kapitel 5.2) braucht es einen guten Grund für diese Verhaltensänderung. Denn anders als das bloße Bekunden von Absichten ist das tatsächliche Ändern von Verhalten, das nicht den Verhaltensgewohnheiten entspricht, oft anstrengend – schon deshalb, weil es meistens nicht so schnell und leicht Bedürfnisse befriedigt. Erfahrungsgemäß ist es deshalb zieldienlich, wenn die Schüler:innen selbst gute Gründe finden (besser, als wenn Sie diese »predigen«). Je nach Lerngruppe und Präferenz können Sie das im Plenum sammeln oder in Gruppen Schritt für Schritt erarbeiten lassen. Die Vorteile der zweiten, komplexeren Methode liegen in einer tieferen kognitiven Verankerung und einer höheren Beteiligung aller Schüler:innen. Die Nachteile sind ein erhöhter Zeitaufwand und Mindestanforderungen an die Fähigkeit zum gemeinsamen Arbeiten.

Schließlich wird verbindlich vereinbart, dass die Lerngruppe das entsprechende Verhaltensziel verfolgt. Dabei sind zwei Aspekte wichtig. Erstens sollten unbedingt alle Schüler:innen verbindlich erklären, bei der Erreichung des Ziels mitzuwirken. Das können sie beispielsweise tun, indem sie das Plakat und eine auf dem Plakat stehende Absichtserklärung unterzeichnen. Zweitens sollte ein Zeitraum definiert werden, in dem die Schüler:innen sich bemühen, das Verhaltensziel zu erreichen. Am Ende dieses Zeitraums wird das Erreichte geprüft und gewürdigt (Kapitel 6.7). Dann wird über weitere Schritte entschieden. Diese zeitliche Begrenzung erhöht in der Regel die Bereitschaft von eher kritischen Schüler:innen, sich auf die Verhaltensänderung einzulassen. Ihnen kann zugesichert werden, ihre Argumente am Ende des Zeitraums vor dem Hintergrund der gemachten Erfahrung zu prüfen.

Was passiert, wenn einzelne Schüler:innen nicht bereit sind, verbindlich die Verhaltensänderung zu vereinbaren? Hier ist die Haltung der Lehrer:in ausschlaggebend. Dazu möchte ich an dieser Stelle ein paar Gedanken formulieren. Schule ist ein Ort, an dem Demokratie gelernt, geübt und gelebt wird. Das bedeutet, dass erstens abweichende Meinungen und Ansichten nicht nur zulässig, sondern erwünscht sind. Zweitens bedeutet es aber auch, dass mehrheitlich gefällte Beschlüsse umgesetzt werden, solange dadurch keine Schädigung oder eine Verletzung übergeordneter Rechte entstehen. Die oben erwähnte zeitliche Begrenzung dient der Überprüfung des Vorhabens und ist somit eine Chance, dass die Schüler:innen, die hier eine von der Mehrheit abweichende Meinung haben, erneut Gehör finden.

Optimalerweise gelingt es aber bereits in der Diskussion, Befürchtungen, Bedürfnisse und Wünsche aller so zu integrieren, dass eine Konsenslösung entsteht. Fragen, die dabei helfen, sind:

- Die Mehrheit ist dafür, dass wir .... Was könnte dir helfen, damit du es auch für den Zeitraum X mittragen kannst?
- Was brauchst du, damit auch du verbindlich zustimmst, das Ziel gemeinsam mit uns für den Zeitraum von X zu verfolgen?
- Was befürchtest du, was sich für dich zum Schlechteren verändert, wenn wir ...?

Je besser es gelingt, Befürchtungen und Wünsche ernst zu nehmen, desto größer ist meistens auch die Bereitschaft zu Kooperation. Wenn einzelne Schüler:innen allerdings trotz aller ernsthaften und zugewandten Bemühungen die Kooperation verweigern, kann es sinnvoll sein, über negative Konsequenzen nachzudenken (Kapitel 8). Das sollte allerdings nicht öffentlich geschehen, um Gesichtsverluste zu vermeiden und bis zuletzt die Möglichkeit zu Kooperation aufrechtzuerhalten.

6.4 Die Szene neu entwickeln

Unterricht und unterrichtliches Handeln aller Akteure ist Rollenhandeln. Schüler:innen agieren aus der Schüler:innen-Rolle, Lehrer:innen entsprechend aus der Lehrer:innen-Rolle. Die Rollen selbst sind weiter differenziert. So übernehmen vielleicht einige Schüler:innen oder Lehrer:innen »Kümmerer«-Rollen, andere übernehmen eher die Rolle des Clowns usw. Auch die Handlungsabläufe im Unterricht unterliegen einer bestimmten »Choreografie« bzw. einem »Drehbuch« (einem mentalen Skript). In diesem ist z. B. festgelegt, wie die Szene »Unterrichtseinstieg« abläuft und wer was wann tut. In der Regel sind diese »Drehbücher« weder bewusst noch bewusst geplant. Trotzdem handeln alle Akteure danach. In diesem Abschnitt geht es darum, bewusst eine Szene zu entwickeln, in der das intendierte Verhalten (Kapitel 6.2) umgesetzt wird.

Erfahrungsgemäß ist es hilfreich, mit den Schüler:innen die Metapher der »Szene« zu besprechen bzw. diese für das Verändern des Verhaltens zu nutzen. Der Vorteil liegt darin, dass man Szenen gestalten kann, dass das neue Verhalten zunächst »gespielt« wird und dass man Szenen entwickelt und probt (Kapitel 6.5). Ein weiterer Vorteil besteht darin, dass die Gestaltung der Szene, das Proben und auch Misserfolge beim Proben mit einer ernsthaften Leichtigkeit (wie beim Theater) praktiziert werden können.

Planen Sie konkret mit den Schüler:innen, wie die Szene gestaltet werden soll. Wer tut was wann? Was brauchen die Akteure (Schüler:innen und Lehrer:innen), damit es gelingen kann? Häufig haben die Schüler:innen hilfreiche Ideen, oder sie haben bereits Gelingenserfahrungen in anderen Situationen gemacht. Diese bringen die Schüler:innen eher ein, wenn sie als Expert:innen angesprochen werden, deren Vorschläge erwünscht sind. Je mehr die Schüler:innen sich bei der Gestaltung der Szene als Expert:innen wahrnehmen und ihre Ideen einbringen können, desto größer ist die Wahrscheinlichkeit, dass sie sich mit der neuen Szene – und damit mit dem Zielverhalten – identifizieren.

Das Proben der Szene (Kapitel 6.5) kann Schwachstellen und Unwägbarkeiten der Planung aufdecken. Es wird also erforderlich, dass die Szene verändert wird. In der Realität verschwimmen der Schritt der Planung und der des Probens hin und wieder. In Kapitel 6.6 werden Möglichkeiten aufgezeigt, wie das Zeigen des Zielverhaltens verstärkt werden kann. Erstens kann auch die Verstärkung bereits in die Planung der Szene mit aufgenommen werden. Zweitens hängen Art und Intensität der Verstärkung z. T. vom Grad der Identifikation ab. Übergeordnetes Ziel ist es, dass die neue Verhaltensweise selbstverständlich wird und nahezu automatisch gezeigt wird. Das bedeutet, dass die neue Szene im Drehbuch fest verankert ist (Kapitel 6.7). Die nächsten Abschnitte skizzieren prototypisch einen Weg dahin, der jedoch im Schulalltag immer wieder an die Realitäten und Erfordernisse angepasst werden muss.

6.5 Die Szene proben

Je nach gewähltem Verhaltensbereich muss die Szene geprobt werden. Das kann beispielsweise darin bestehen, dass in einer Stunde die Szene des Stundenbeginns immer wieder geprobt und verfeinert wird, so dass die Lerngruppe schließlich in kürzerer Zeit arbeitsfähig und arbeitsbereit ist (anstatt zehn Minuten dafür zu benötigen). In Rollenspielen kann man beispielsweise proben, sich ausreden zu lassen, auch wenn man selbst etwas »ganz Wichtiges« oder »ganz Dringendes« sagen möchte, wenn man sich ungerecht behandelt fühlt etc.

Es hat sich bewährt, dass die Schüler:innen selbst Ideen entwickeln, wie sie die Szene proben können. Allerdings können Sie Anregungen geben und Vorschläge machen. Sie sollten auch prüfen, ob die Vorschläge der Schüler:innen dazu führen, dass die Szene tatsächlich geübt wird (wie eine Theaterszene). Soll beispielweise der Unterrichtseinstieg neugestaltet und entsprechend geprobt werden, glauben viele, dass es ausreicht, diesen am Anfang jeder Stunde zu proben. Meistens funktioniert das nicht. Denn der echte Stundenbeginn ist, in unserer Metapher gesprochen, bereits die Aufführung. Wenn man sich genügend Zeit zum Proben der neuen Szene nimmt, können Veränderungen und Anpassungen schnell eingebaut werden. Zudem automatisieren sich durch mehrfaches Wiederholen innerhalb kurzer Zeit das Zielverhalten und die Abläufe.

Mir begegnet in der praktischen Arbeit hin und wieder das Argument, dass ein solches Vorgehen zu zeitintensiv ist. Diesen Aspekt sollte man kritisch prüfen. Meistens (aber tatsächlich nicht immer) zahlt es sich aus, anfangs etwas mehr Zeit zu investieren. Der mittelfristige Gewinn ist nicht nur mehr Unterrichtszeit durch weniger Störungen oder durch reibungsfreiere Abläufe, sondern der Gewinn kann auch auf der Prozessebene liegen: Das Miteinander wird besser, demokratische Prozesse werden gelebt usw.

6.6 Wie kann das Zielverhalten verstärkt werden?

Wird ein Verhalten verstärkt, erhöht sich dessen Auftretenswahrscheinlichkeit. Wird ein Verhalten bestraft, reduziert sich dessen Auftretenswahrscheinlichkeit. Das Verstärken oder Bestrafen von Verhalten fällt unter die *operante Konditionierung*, nach der Verhalten durch Konsequenzen »kontrolliert« wird (Staddon & Cerutti, 2003). Verstärkung oder Bestrafung können sowohl von außen als auch von innen erfolgen. Niemand musste mich belohnen, damit ich Schokolade-Essen gelernt habe. Der Geschmack war Verstärkung genug.

Wenn Handlungen angenehm sind oder Spaß machen, führen wir sie häufiger aus. Handlungen können auch wertgeleitet sein, und durch ihre Ausführung können wir innere Stimmigkeit (Kohärenz) oder Selbstwerterhöhung erleben (Zimber, 2016). Das kann verstärkend bzw. motivierend wirken. Erleben Schüler:innen, dass die Ausführung der Zielhandlungen (neue Szene) erstens gelingt, zweitens sinnvoll ist und drittens in Übereinstimmung mit den eigenen Zielen bzw. Werten ist, kann das die Zielhandlungen verstärken, ohne dass eine »äußere« Verstärkung (etwa in Form einer Belohnung oder eines Lobes) notwendig wäre.

Lehrer:innen können dies unterstützen, indem sie unmittelbar nach der Ausführung der Handlung den Fokus der Aufmerksamkeit der Schüler:innen auf diese Sinnhaftigkeit, Zielpassung bzw. auf das Kompetenzerleben lenken: »Das ist ja spannend. Noch vor einer Woche hätte noch keiner hier im Raum geglaubt, dass die Klasse 7c so intensiv und so konzentriert arbeiten kann. Wie bekommt ihr das hin?« (Kompetenzorientierung). Oder: »Erinnert euch, dass ihr letzte Woche festgestellt habt, dass es viel höflicher ist, wenn man sich ausreden lässt – und heute habt ihr das ganz vorbildlich gemacht!« (Sinnhaftigkeit).

Allerdings können Sie auch externe Verhaltensverstärker einsetzen. Diese zwingen uns systematisch, den Fokus auf das Gelingen zu legen (Eichhorn & von Suchodoletz, 2013; Döpfner u. a., 2019). Dabei stehen uns *soziale*, *materielle* und *Aktivitätsverstärker* zur Verfügung. Soziale Verstärkung ist sehr effektiv und wird im Unterricht vielfach schon (unsystematisch) eingesetzt (Eichhorn & von Suchodoletz, 2013). Wenn Sie sich sichtbar über Schülerverhalten freuen und die Schüler:innen Ihre Freude als positiv oder erstrebenswert wahrnehmen, wirkt Ihre Freude als sozialer Verhaltensverstärker.

6.6.1 Token-Spiele

Über einen kurzen Zeitraum lassen sich auch sehr effektiv Token-Spiele einsetzen, um intendierte Verhaltensweisen in die Gewohnheit zu überführen (Döpfner u. a., 2019). Token sind Eintauschverstärker, die die Schüler:innen als Konsequenz bekommen, wenn sie die Zielhandlung zeigen. Dabei können die Schüler:innen eine bestimmte Anzahl von Token sammeln und gegen eine Belohnung eintauschen. Die Belohnungen können materieller Natur sein oder aus Aktivitäten bzw. Vergünstigungen bestehen. Schüler:innen könnten sich beispielsweise für eine bestimmte Anzahl von Token Spielezeit im Unterricht »erkaufen« (Aktivitätsverstärker). Es gibt viele Möglichkeiten in Bezug darauf, was Sie als Token nutzen und wie Sie Token-Spiele gestalten können. Zur Orientierung stelle ich zunächst einen sehr simplen Ansatz vor. Am Ende dieses Abschnittes lade ich Sie dann ein, ein Token-Spiel kreativ an die Erfordernisse Ihrer Lerngruppe anzupassen. Obwohl die Grundlogik von tokenbasierten Ansätzen in allen Altersstufen in sehr ähnlicher Weise funktioniert, spielt die konkrete Ausgestaltung eine wesentliche Rolle hinsichtlich der Akzeptanz. Token-Spiele, die Grundschüler:innen motivieren, werden in der Mittelstufe höchstwahrscheinlich wenig akzeptiert.

Als einfaches tokenbasiertes Spiel können Sie sich vorstellen, dass die Schüler:innen beim Ausführen der verabredeten Zielhandlung einen Token bekommen. Dieser Token könnte in der Grundschule eine Murmel sein, die in einem Glas gesammelt wird. Sobald die Schüler:innen zehn Murmeln gesammelt haben, können sie diese gegen Spielezeit oder gegen das Schauen eines Films eintauschen. Am Ende dieses Abschnitts stelle ich Ihnen Varianten vor, die in den verschiedenen Schulformen und Altersstufen einsetzbar sind.

Warum spreche ich von einem Token-Spiel und nicht z. B. von einem Token-System oder Token-Programm? Grundsätzlich wären auch die beiden anderen Begriffe passend. Token-Spiel betont aus meiner Sicht jedoch den Spielcharakter. Der Begriff »Spiel« erinnert daran, dass wir die Schüler:innen nicht »umerziehen« wollen, sondern dass es um Motivation und Selbstbestimmung geht. Wir bieten den Schüler:innen an, sie bei der Umsetzung ihres Veränderungsziels durch dieses Spiel zu unterstützen. Weil die tokenbasierte Verstärkung so effektiv ist, wenn sie korrekt angewendet wird, sollten wir uns durch den Begriff »Spiel« das damit verbundene übergeordnete Ziel immer wieder vergegenwärtigen. Nachdem Sie im nächsten Absatz ein paar Regeln kennenlernen, die Sie einhalten sollten, damit die Verstärkung mit Token funktioniert, reflektieren wir im übernächsten Absatz den Umgang mit Token kritisch.

Damit ein tokenbasierter Ansatz funktioniert, sollten ein paar Regeln unbedingt beachtet werden. Erstens bezieht sich das Vergeben von Token nur auf die verabredete(n) Zielhandlung(en). Manchmal ist die Verführung groß, auch anderes wünschenswertes Verhalten durch die großzügige Gabe von Token belohnen zu wollen. Das würde die Effektivität sofort erheblich reduzieren. Zweitens dürfen Sie keine vergebenen Token wieder wegnehmen oder das Vergeben von Token von anderen Faktoren als der Zielhandlung abhängig machen. Ein Beispiel dafür wäre, dass Sie den Schüler:innen androhen, wenn sie weiterhin so laut sind, bekommen Sie keine Token dafür, dass sie das Material zu Beginn der Stunde auf dem Tisch liegen hatten (Zielhandlung). Das würde die Effektivität des Token-Spiels sofort untergraben. Gestalten Sie drittens die Zielhandlungen und Tokenvergabe so, dass die Schüler:innen (a) mit großer Wahrscheinlichkeit Erfolge haben können und dass sie (b) in der Lage sind, die Erfolge zu steigern. Das können Sie beispielsweise erreichen, indem Sie Zielhandlungen, die zu einem Änderungsbereich gehören, separat verstärken. Wenn beispielsweise eine Klasse daran arbeitet, den Stundenbeginn schnell und leise zu gestalten, können Sie separat Token dafür vergeben, wenn das Material innerhalb der ersten Minute auf dem Tisch liegt, wenn es im Raum leise ist und wenn es die ersten fünf Minuten angemessen leise bleibt. Dadurch fördern Sie die Motivation. Sie könnten sogar für jede Schüler:in, die ihr Material auf dem Tisch hat, oder jeden Gruppentisch, der vollständig bereit ist, ein Token vergeben. So ist der Erfolg nicht von wenigen Schüler:innen abhängig. Achten Sie aber stets darauf, dass die Regeln, wann und wofür es einen Token gibt, transparent, überschaubar und realistisch umsetzbar bleiben. Das bedeutet, die Vergabe von Token darf niemals von Ihrer Stimmung abhängig sein (»Wisst ihr, Kinder, heute ist mir das zu anstrengend«), und der Aufwand sollte immer verhältnismäßig bleiben. Schließlich wollen Sie ja auch noch unterrichten. Achten Sie viertens darauf, dass die Schüler:innen relativ schnell Erfolge haben. Das bedeutet, dass Sie die Menge der Token, die zum Eintauschen benötigt werden, so bemessen, dass die Schüler:innen nach recht kurzer Zeit schon in der Lage sein sollten, die Token einzutauschen. Gerade am Anfang kann es sehr frustrierend sein, wenn man zu lange »sparen« muss. Das Wichtigste beim Token-Spiel ist das Erleben von Erfolg – übrigens nicht nur für die Schüler:innen. Freuen Sie sich gemeinsam, das schweißt zusammen.

Bevor wir uns kreative Varianten von Token-Spielen ansehen, sollten wir jetzt einen kritischen Blick auf diese effektive Möglichkeit der Verhaltensregulation werfen. Erstens zeigt sich immer wieder, dass das extrinsische Belohnen von Verhaltensweisen intrinsische Motivation beeinträchtigen kann. Wenn nach einer längeren Phase der Verhaltensverstärkung die Belohnung ausbleibt, besteht die Gefahr, dass das Verhalten nicht oder seltener gezeigt wird. Dies lässt sich jedoch in unserem Fall geschickt umgehen, wenn Zielverhalten erstens von den Schüler:innen selbst als erstrebenswert angesehen wird, es aber zweitens bei der konsequenten Umsetzung Schwierigkeiten geben wird. Die meisten Menschen hatten schon einmal Vorsätze, die sie als erstrebenswert ansahen (z. B. mehr Sport treiben), die ihnen bei der Umsetzung jedoch Schwierigkeiten gemacht haben (»Das Sofa war gemütlicher als die Laufschuhe«). Hier könnten Token-Programme helfen, und diese würden nicht als Fremdbestimmung erlebt werden. Würde die Person schließlich die Gewohnheit ausprägen, direkt nach der Tagesschau laufen zu gehen, hätten die externen Verstärkungen ihren Zweck erfüllt und könnten durch den Stolz, es regelmäßig zu schaffen, ersetzt werden.

In ähnlicher Weise können auch Token bei bestimmten Verhaltensänderungen im Classroom Management eingesetzt werden. Beispielsweise könnte eine Klasse verabreden, dass sie Token für ruhige Arbeitsphasen bekommt. Laufen die ersten fünf Minuten ohne Störung, bekommen sie einen Token, für die nächsten fünf Minuten zwei usw. Wichtig ist es jetzt, dass die Klasse relativ schnell ihre eigenen Erfolge würdigt und internal attribuiert. Dabei sollte stets der Fokus der Selbstbestimmung aufrechtgehalten werden: »Ihr hattet euch ruhige Arbeitsphasen als Ziel gesetzt, und das habt ihr auch hingekriegt. Darauf könnt ihr stolz sein.« Die Token dienen nur vorübergehend als Vehikel, um die Zielhandlungen so lange aufrechtzuhalten, bis sich eine Gewohnheit zu etablieren beginnt. Danach können sie wegfallen. Das Verzichten auf die Token sollte ebenfalls mit der Klasse vereinbart werden. So können die Schüler:innen den Übergang von tokenbasierter Verstärkung auf Selbststeuerung zusätzlich als Erfolg erleben.

Im Folgenden finden Sie exemplarisch Varianten, wie Sie Token-Spiel zielgruppengerecht gestalten können.

1. *Token-Puzzle:* Diese Variante zielt darauf ab, Neugier zu erzeugen. Stellen Sie sich vor, Sie wollten mit Ihrer Klasse als »Belohnung« einen Paddelausflug machen. Nehmen Sie ein Foto, das den Paddelausflug gut darstellt (das Internet ist eine prima Quelle). Kalkulieren Sie die Anzahl der Token, die die Schüler:innen sammeln müssen, bis sie sich den Ausflug verdient haben. Achten Sie dabei darauf, dass der Aufwand einerseits nicht zu groß (und damit ermüdend) und andererseits

nicht zu klein ist, denn die Verhältnismäßigkeit sollte gewahrt bleiben.[13]

Die Logik des Token-Puzzles besteht darin, dass die Klasse nicht weiß, was auf dem Bild zu sehen ist, und damit den Aktivitätsverstärker nicht kennt. Sie zerschneiden das Foto in die entsprechende Anzahl Puzzleteile, und das Bild ergibt sich somit nach und nach. Dadurch entsteht Spannung – vor allem, wenn es nicht sofort offensichtlich ist, was auf dem Foto dargestellt ist. Dieses Verfahren funktioniert auch in der Mittelstufe gut (Eckert, 2022).

Praktischer Tipp: Als günstig hat es sich erwiesen, auf die Rückseite des Fotos ein Raster zu zeichnen, das an die Anzahl der benötigten Token angepasst ist. Jedes Feld im Raster ist mit einer Nummer versehen. Das heißt, jedes Puzzleteil hat auf der Rückseite eine Nummer. Hängen Sie ein Plakat mit einem nummerierten Blankoraster auf, in das die Schüler:innen ihre erworbenen Puzzleteile kleben können. Auf diese Weise entsteht nach und nach das Bild vor den Augen der Klasse.

2. *Token-Wettkampf*: Diese Variante zielt darauf ab, über Sportsgeist bzw. wettkampforientierten Teamgeist (ähnlich dem Mannschaftsgeist beim Fußball) Motivation zu erzeugen. Die Grundidee ist sehr einfach. Teilen Sie die Klasse in möglichst vergleichbare (bezogen auf das Zielverhalten gleich starke) Gruppen ein. Diese Gruppen spielen z. B. um den Wochenpokal. Die Gruppe mit den meisten Token bekommt am Freitag den »Goldpokal«, die mit den zweitmeisten den »Silberpokal« usw. Die Auszeichnung kann und sollte nach Alters-

13 Wenn Sie größere Ausflüge als Aktivitätsverstärker wählen, können Sie an Ausflügen »andocken«, die Sie ohnehin machen möchten. Allerdings können die Schüler sich noch ein »Extra« verdienen. Ein Beispiel bei einem Paddelausflug könnte ein Lagerfeuer mit Stockbrot sein, das auf dem Foto zu sehen ist.

stufe angepasst werden. Auch die Zeitspanne kann angepasst werden. Eine weitere Möglichkeit ist, dass die Gruppe, die Tagessiegerin ist, am darauffolgenden Tag Vergünstigungen hat.

3. *Token-Zauber:* Eine weitere attraktive Idee für Aktivitätsverstärker ist es, Schüler:innen Zaubertricks vorzuführen. Die Auflösung bzw. Erklärung müssen die Schüler:innen sich tokenbasiert erspielen. Falls Sie nicht gerne zaubern, können Sie diese Grundidee auch auf das Vorlesen von Geschichten übertragen. Das jeweils nächste Kapitel erspielen sich die Schüler:innen tokenbasiert.

> ***Weiterführender Hinweis***
> Auf der Webseite *www.apollon-hochschule.de/schulpsychologie* finden Sie einige Zaubertricks und Anregungen zum »pädagogischen Zaubern«.

6.6.2 *Verstärker-Entzug-Spiele*

Mit tokenbasierten Ansätzen können Sie den Aufbau von Verhaltensweisen fördern. Im Unterricht besteht jedoch manchmal die Notwendigkeit, Verhalten abzubauen. Das funktioniert lernpsychologisch durch Bestrafung am effektivsten. Die sehr einheitlichen und stabilen empirischen Befunde, die dies zeigen, wurden zu einem Großteil an Ratten oder anderen Nagetieren ermittelt. Die direkte Übertragbarkeit in ein pädagogisches Setting ist mehr als fragwürdig – nicht nur aus ethischen Gründen.

Bestrafungen haben eine Reihe negativer Konsequenzen. Mazur (2006) weist darauf hin, dass Bestrafungen die pädagogische Beziehung und damit die Kooperationsbereitschaft schnell beeinträchtigen. Auch das Selbstwertgefühl der Schüler:innen kann beschädigt werden. Bestrafungen können zudem dazu führen, dass nicht nur das unerwünschte Verhalten gehemmt wird, sondern auch eine generelle Hemmung eintreten kann.

Das Prinzip des Verstärker-Entzug-Spiels ist eine sehr clevere Möglichkeit, den lernpsychologischen Mechanismus des Bestrafens mit einem motivierenden und zugleich beziehungsfördernden Spiel zu verknüpfen. Die obengenannten negativen Auswirkungen treten bei dieser Art des Spiels nicht auf. Ganz im Gegenteil, es besteht die Möglichkeit, die Selbstwirksamkeitserwartung, die pädagogische Beziehung, das Sozialklima und das Selbstwertgefühl zu stärken.

Das Verstärker-Entzug-Spiel ist die umgekehrte Variante eines Token-Spiels. Die Grundlogik ist einfach: Sie legen eine bestimmte Anzahl von Token fest, die die Schüler:innen in einer Spielrunde verdienen können. Eine Spielrunde ist zum Beispiel eine zehnminütige Arbeitsphase. Für diese Arbeitsphase legen Sie beispielsweise zehn Token aus, die die Schüler:innen bekommen könnten. Für jede Störung nehmen Sie einen Token weg und legen ihn auf Ihren Tisch. Den haben Sie gewonnen. Alle Token, die am Ende noch übrig sind, bekommen die Schüler:innen. Sie können im Grunde jedes Token-Spiel auch als Verstärker-Entzug-Spiel umgestalten. Allerdings sollten Sie auch hier einige Regeln unbedingt beachten, damit es funktioniert (Döpfner u. a., 2019).

Legen Sie erstens zu Beginn eine »Spielezeit« fest. Die Spielezeit ist die Zeit, in der Sie bei Störungen bzw. beim Auftreten des zu vermeidenden Verhaltens Token wegnehmen dürfen. Legen Sie zudem die Anzahl der Token fest, die die Schüler:innen pro Spielezeit gewinnen können. Stellen Sie durch die geplante Anzahl von Token sicher, dass die Schüler:innen Erfolge erleben können und kein Frust entsteht. Das bedeutet praktisch: Stellen Sie sicher, dass am Ende der »Spielezeit« noch Token übrig sind, die die Schüler:innen gewonnen haben. Allerdings sollte es einen Anreiz für die Klasse geben, sich zu verbessern (»Das war schon gut. Ich bin gespannt, ob ihr beim nächsten Mal mehr verdient!«).

Zweitens: Wenn Sie »gegen« die Schüler:innen spielen, machen Sie Ihre Doppelrolle deutlich: Auf der »sportlichen« Ebene möchten Sie mehr Token bekommen als die Schüler:innen. Auf der pädagogischen/menschlichen Ebene gönnen Sie den Schüler:innen von Herzen, dass diese gewinnen.

Drittens: Vergegenwärtigen Sie sich immer wieder, es geht nicht darum, die Schüler:innen zu bestrafen. Diese Haltung ist wichtig.

Viertens: Es gibt Schüler:innen, die aus verschiedensten Gründen öfter störendendes Verhalten zeigen, das dazu führt, dass Sie Token wegnehmen würden (z. B. weil diese AD(H)S haben). Treffen Sie mit diesen Schüler:innen kluge Verabredungen und machen Sie die in der Klasse transparent. Sie könnten z. B. eine Schüler:in mit ADHS vom eigentlichen Spiel ausnehmen. Wenn die Schüler:in in der Stillarbeit »stört«, wird kein Token weggenommen. Stattdessen kann diese Schüler:in zusätzliche Token für die Klasse verdienen: Für jede Minute, die sie in der Stillarbeitsphase ruhig arbeitet, bekommt die Klasse einen zusätzlichen Token. Auf diese Art beugen Sie einem sozialen Ausschluss oder einer sozialen Ächtung vor und geben der Schüler:in die Chance, für die Gruppe Vorteile zu erspielen. Wenn Sie Ihr Handeln transparent machen, verstehen und akzeptieren Schüler:innen solche Ausnahmen in der Regel.

Fünftens: Auch hier ist Scheitern eine Chance zum Lernen. Ein typisches Szenario ist, dass Sie einen Token wegnehmen, weil eine Schüler:in gestört hat. Sofort regen sich andere Schüler:innen über diese Schüler:in auf, und es wird schnell sehr unruhig in der Klasse. Hier bietet sich eine der besten Lernchancen an: Sie reagieren zunächst auf die entstehende Unruhe damit, dass Sie einen weiteren Token wegnehmen. Dann aber erfragen Sie den Grund der Unruhe. In der Regel erfahren Sie, dass die Schüler:innen sich darüber ärgern, dass wegen der ersten Störung ein Token weggenommen wurde. Das sollten Sie würdigen, denn die Token sind den Schüler:innen augenscheinlich wichtig. Fragen Sie daraufhin, ob es denn zieldienlich ist, sich laut darüber aufzuregen. Es ist offensichtlich, dass das nicht der Fall ist, denn dadurch verlieren die Schüler:innen weitere Token. Erfragen Sie ein alternatives und zieldienlicheres Verhalten. Bieten Sie den Schüler:innen an, dass die Situation wiederholt werden kann: Zunächst legen Sie alle Token wieder zurück. Jetzt beginnt das Rollenspiel. Die erste Schüler:in stört, Sie nehmen einen Token weg. Danach zeigen die anderen Schüler:innen das alternative zieldienlichere Verhalten, und die restlichen Token bleiben liegen. Würdigen Sie gemeinsam diesen Erfolg.

6.7 Wie aus Rollenverhalten Rollenidentität wird

Kommen wir zurück auf die Metapher der »Szene«. Dieser Metapher folgend zeigen die Schüler:innen Rollenverhalten. In diesem Schritt geht es darum, wie aus Rollenverhalten Rollenidentität wird. Denn dadurch werden wünschenswerte Verhaltensweisen selbstverständlich und müssen nicht mehr verstärkt werden. Nehmen Sie sich regelmäßig die Zeit, mit Ihren Schüler:innen die Erfolge zu würdigen. Würdigen Sie nicht die gewonnenen Token, sondern die Entwicklungsfortschritte der Schüler:innen (»Überlegt einmal, vor einem Monat habe ich noch so häufig Beschwerden von den Fachlehrer:innen bekommen. Und jetzt höre ich nur Lob über euch. Das macht mich wirklich stolz!«). Besser, als wenn Sie loben, ist es, wenn die Schüler:innen selbst ihre Fortschritte und die damit verbundenen positiven Auswirkungen würdigen.

Bieten Sie erstens regelmäßige und verlässliche Anlässe, bei denen genau das geschieht. Das kann beispielsweise im Rahmen des Klassenrats ein fester Bestandteil sein. Nutzen Sie aber zweitens auch informelle Gelegenheiten. In Verbindung mit einer Wachstumsorientierung (Kapitel 3.2.2) führt das in der Regel zu sehr wünschenswerten und vor allem nachhaltigen Effekten im Klassen- und Arbeitsklima.

Die theoretische Fundierung dieses Vorgehens liegt in der *Theorie der Sozialen Identität.* In Gruppen werden Normen und Erwartungen kommuniziert (Hogg & Reid, 2006). Wer sich mit der Gruppe identifiziert, nimmt diese Normen und Erwartungen als verhaltensleitend an. Besonders die Peer-Kommunikation scheint bei der Entstehung von Gruppennormen eine Rolle zu spielen (Geber u. a., 2019). In diesem Sinne sollten besonders die Schüler:innen animiert werden, normativ über die neuen Verhaltensweisen zu sprechen, damit Rollenidentität entsteht. Der normative Aspekt, der verhaltenswirksam ist, wird dann begünstigt, wenn das neue Verhalten in einer positiven und wachstumsorientierten Weise besprochen wird. Beispiel: »Früher haben wir jeden Unterricht gestört und waren der Schrecken aller Lehrer. Heute machen wir das anders, denn wir sind ja schon vernünftig genug, und wir wissen, wie man miteinander umgeht.«

7 Teamentwicklung und kooperatives Lernen

Das Arbeiten mit heterogenen Lerngruppen stellt eine besondere Herausforderung dar. Schüler:innen unterschiedlicher Kompetenzstufen und mit unterschiedlichsten Voraussetzungen sollen zielgleich beschult werden. Eine Möglichkeit, diesen Herausforderungen zu begegnen, besteht darin, Gruppen- und Teamprozesse in der Klasse zu initiieren und zu nutzen und kooperative Formen des Lernens zu implementieren. Dieses Kapitel gibt einen praxistauglichen Einblick. Dabei soll der Fokus konsequent auf der Wachstumsorientierung liegen. Die Ausführungen in diesem Kapitel orientieren sich an der Arbeit von Klippert (2019).

> ***Buchempfehlungen***
> Wer zur Teamentwicklung im Klassenzimmer vertiefend arbeiten möchte, dem sei das Buch *Teamentwicklung im Klassenzimmer* von Heinz Klippert (2019) empfohlen. Wer das Thema kooperative Lernformen vertiefen möchte, sei auf die Bücher von Kathy und Norman Green verwiesen (Green & Green, 2005; 2010).

Kooperatives Lernen stellt das soziale Lernen in den Mittelpunkt, denn der Erwerb und das Anwenden von Wissen und Kompetenzen sind soziale Prozesse (Green & Green, 2010). Diese Formen des Lernens gehen mit einer veränderten Lehrer:innen-Rolle einher. Sie sind nicht mehr reine Wissensvermittler, sondern Prozessbegleiter. Wissen und Kompetenzen werden in unterschiedlichen sozialen Settings erworben, bei denen die Schüler:innen eine höhere Verantwortung für ihren eigenen Lernprozess haben – aber in denen ihnen auch die Expertise für ihr Lernen zugesprochen wird. In diesem Kapitel lernen Sie praxisbewährte Ansätze kennen, die auf den Prinzipien des kooperativen Lernens basieren.

Damit kooperatives Lernen funktioniert, müssen stets die fünf Basiselemente berücksichtigt werden (Green & Green, 2005; 2010).

1. *Positive Abhängigkeit:* Damit Kooperation notwendig und sinnhaft wird, sollten die Aufgaben und Settings so konstruiert sein, dass Schüler:innen bei der Bearbeitung voneinander abhängig sind. Allerdings sollte die Abhängigkeit so gestaltet sein (positiv), dass sie sich gegenseitig bereichern können. Das befördert gemeinsame Lernprozesse und zugleich das Klassenklima. Zusammenarbeit ist notwendig.
2. *Individueller Beitrag:* Nur wenn der Beitrag der einzelnen Schüler:in zählt, bedeutsam und sichtbar ist, kann der Beitrag günstig auf die Kompetenzentwicklung und die Selbstwirksamkeitserwartung wirken.
3. *Face-to-face-Interaktionen:* Die Schüler:innen müssen miteinander interagieren, um kooperieren zu können. Das bedeutet übrigens nicht, dass das nicht auch digital ginge, wenn die Bedingungen keinen Präsenzunterricht zulassen.
4. *Soziale Fertigkeiten:* Zur Kooperation werden soziale Fertigkeiten benötigt. Sind diese nicht ausgeprägt, müssen sie nach und nach erworben werden. Die hier vorgestellten Formen des kooperativen Lernens berücksichtigen den zunehmenden Entwicklungsprozess sozialer Fertigkeiten. Wichtig dabei ist es, von den tatsächlichen Fertigkeiten auszugehen (anstatt von unrealistischen Erwartungen). Zugleich haben die Schüler:innen meistens soziale Fertigkeiten, die im klassischen Setting Schule kaum zum Tragen kommen. Diese können oft in kooperativen Settings bereichernd sein.
5. *Gruppenprozesse bzw. Gruppenentwicklungsprozesse:* Die Gruppe wird als lernende Gruppe verstanden, die systematisch aus ihren Erfahrungen (Erfolgen wie Scheitern) lernt und dadurch ihre Fähigkeiten stets weiterentwickelt.

Die Teamentwicklung im Klassenzimmer in Anlehnung an Klippert (2019) ist ein Vorgehen, dass die Anwendung der fünf Basiselemente gut illustriert. In der Praxis hat sich diese Methode auch bei Lerngruppen, die im herkömmlichen Unterricht »schwierig« sind, bewährt.

7.1 Heterogenität – Teamarbeit im Klassenzimmer bringt Entlastung und Freiräume

Die Teamarbeit mit Klassen und Lerngruppen zu trainieren, ist zunächst zeitaufwendig, denn sie ist mehr als einfach nur Gruppenarbeit (Klippert, 2019). Damit das Team wachsen kann, wird Zeit für den Teamprozess benötigt, sowohl in den einzelnen Teams als auch in der gesamten Lerngruppe. Deshalb benötigen Sie gute Gründe, warum es sich lohnt, diese Zeit zu investieren. Gleichzeitig sollten diese guten Gründe, die in diesem Abschnitt besprochen werden, immer die Prüfgröße dafür sein, ob Sie noch auf dem richtigen Weg sind.

Teamarbeit bringt Ihnen mehr Freiräume, pädagogisch zu agieren. Dadurch können Sie individueller beraten, fördern und Lernprozesse gestalten. Zugleich birgt dieses Vorgehen nicht nur die Chance, sondern auch die Notwendigkeit, Aufgaben anders – und oft individueller – zu gestalten. Aber nicht nur Sie bekommen mehr Freiräume, auch die Schüler:innen profitieren sehr von gelingender Teamentwicklung. Denn hier wird eine kompetenz- und wachstumsorientierte Haltung methodisch sehr elegant umgesetzt. Zudem wächst bei den Schüler:innen die Bereitschaft, Verantwortung für den eigenen Lernprozess, das Lernklima in der Klasse und das Miteinander zu übernehmen.

Heterogenität bedeutet nicht nur, dass Schüler:innen mit unterschiedlichen Bedarfen zielgleich unterrichtet werden, sondern dass auch unterschiedliche Talente und Begabungen zusammenkommen (Klippert, 2010). Das ist, wenn man es klug nutzt, eine Bereicherung für den Unterricht. Damit Schüler:innen jedoch diese Vielfalt konstruktiv in den Unterricht einbringen, sollten nach Brühwiler u. a. (2017) folgende Voraussetzungen erfüllt sein:

- lernförderliches Unterrichtsklima
- vielfältige Motivierung
- Strukturiertheit
- Klarheit
- Verständlichkeit
- Ziel-, Wirkungs- und Kompetenzorientierung
- Schülerorientierung
- Unterstützung
- Aktivierung
- Förderung selbständigen Lernens
- angemessene Variation von Methoden und Sozialformen
- Konsolidierung
- Sicherung
- intelligentes Üben
- Umgang mit Fehlern

Einen großen Teil dieser Bedingungen kann die Teamentwicklung im Klassenzimmer erfüllen. Allerdings ist es notwendig, das Methodenlernen selbst in den Fokus zu rücken (Klippert, 2010). Denn Schüler:innen brauchen bei der Entwicklung von Teamarbeit Unterstützung. Ist die Teamarbeit jedoch etabliert, ermöglicht sie nicht nur einen wachstumsorientierten Umgang mit Fehlern, sondern auch Strukturen zur Förderung selbständigen Lernens und eine klare Ziel-, Wirkungs- und Kompetenzorientierung. Auf diese Weise entsteht ein lernförderliches Unterrichtsklima, und die Schüler:innen werden vielfältig motiviert.

7.2 Das lernende Team

Der Kern der Teamentwicklung besteht darin, dass kleine heterogene Teams (a) die Bearbeitung einer Aufgabe planen, (b) diese strukturiert durchführen und (c) vor allem den Prozess der Teamarbeit evaluieren und reflektieren, (d) aus dieser Reflexion Veränderungsvorsätze für die nächste Arbeitsphase ableiten und (e) umsetzen. Damit das gelingen kann, sind Regeln für die gesamte Lerngruppe erforderlich, die den Arbeits- und Gruppenprozess rahmen (Kapitel 7.2.1). Während der Teamarbeit sind die Rollen klar verteilt (Kapitel 7.2.2), und die Schüler:innen durchlaufen definierte Phasen, die eine gute Struktur bieten (Kapitel 7.2.3). Die letzte Phase der Würdigung und der Reflexion verdient besondere Beachtung, da sie das Herzstück der Entwicklungsarbeit ist. In ihr werden auf strukturierte Weise Entwicklungsbedarfe der Kleingruppen erhoben (Kapitel 7.2.4), die in der folgenden Arbeitsphase umgesetzt werden (Kapitel 7.2.5). Selbstverständlich sollte der Fokus nicht nur auf Entwicklungsbedarfen liegen, sondern der Kompetenzzuwachs sollte ebenfalls stets im Blick bleiben und gewürdigt werden.

7.2.1 Regeln für die Teamarbeit festlegen

Damit erfolgreich gearbeitet werden kann, benötigen die Schüler:innen Regeln, an denen sie sich orientieren können. Der Fokus bei der Teamarbeit und -entwicklung liegt vor allem auf der Übernahme von Verantwortung für den Prozess. Die meisten Lerngruppen kennen den Prozess der Regelfindung gut. Jüngere Schüler:innen müssen ihn noch lernen. Eine übliche Möglichkeit besteht darin, dass die Schüler:innen definieren, welche Regeln und Verabredungen sie benötigen, damit das gemeinsame Arbeiten in den Teams besonders gut klappt.

Dieses bekannte Vorgehen lässt sich verfeinern. Dazu sind folgende Schritte notwendig

1. Lassen Sie die Schüler:innen in kleinen heterogenen Gruppen (ca. sechs Schüler:innen pro Gruppe) eine Aufgabe oder ein Problem lösen. Sorgen Sie dafür, dass das Problem erstens besonders gut gelöst werden kann, wenn es arbeitsteilig angegangen wird, und zweitens, dass es prinzipiell schaffbar, aber nicht zu einfach ist. Es soll in Teilen gelingen, und gleichzeitig sollte noch Entwicklungsbedarf erkennbar sein. Erinnern Sie sich an Vygotskys »Zone der nächsten Entwicklung«: Realistische, aber ambitionierte Ziele fördern Entwicklung.
2. Nach dem Beenden der Gruppenarbeit bilden die Schüler:innen neue Gruppen. Aus jeder Gruppe der vorherigen Phase soll eine Schüler:in vertreten sein. Die Aufgabe besteht nun darin, dass in den neuen Gruppen herausgearbeitet wird, was in der vorherigen Gruppe gut funktioniert hat. Anschließend schreiben die Schüler:innen auf Moderationskärtchen eine Art Kurzanleitung, was man tun muss, damit das gut funktioniert. Am besten ist es, wenn sie pro Verhaltensweise ein Moderationskärtchen nutzen.

   In diesem Schritt liegt der Fokus auf der Würdigung des Gelingens. Damit aktivieren die Schüler:innen Kompetenzerleben und Selbstwirksamkeitserwartungen. Diese sind für die Teamentwicklung günstig. Sind die Teamaufgaben hoch interdependent – müssen also die Teammitglieder stark kooperieren –, wirkt vor allem die kollektive Wirksamkeitserwartung (»Wir schaffen das!«) auf die Teamleistung, während bei Aufgaben, die keine Abhängigkeit voneinander induzieren, die Selbstwirksamkeit (»Ich schaffe das!«) leistungsförderlich ist (Katz-Navon & Erez, 2005).
3. Erst im nächsten Schritt wird herausgearbeitet, welche Ver-

haltensweisen noch förderlich für die Aufgabenbewältigung gewesen wären (z. B. »Es wäre gut gewesen, wenn wir uns gegenseitig zugehört hätten!«).

4. Nun können die Gruppen ihre Ergebnisse im Plenum vorstellen. Idealerweise werden die förderlichen und wünschenswerten Verhaltensweisen geclustert. Diese werden gemeinsam diskutiert und ggf. neu sortiert. Schließlich werden aus diesen Clustern Regeln abgeleitet, die für die Teamarbeit notwendig bzw. hilfreich sind.

Der Vorteil dieses (etwas aufwendigeren) vierstufigen Prozesses liegt darin, dass Gelingenserfahrungen initiiert werden können. Damit geht immer eine Würdigung der bereits bestehenden Kompetenzen einher (»Das können wir schon!«). Das wirkt in der Regel sehr viel motivierender als reine normative Soll-Bestimmungen (»Wir sollen ruhig sein und einander zuhören!«).

Sie können auch die Verhaltensweisen, die zwar wünschenswert gewesen wären, die aber nicht gezeigt wurden, mit Kompetenzerleben verknüpfen. Das funktioniert meistens recht gut, wenn Sie fragen, in welchen Situationen die Schüler:innen dieses Verhalten schon einmal gezeigt haben. z. B.: »Ihr sagt, dass es gut gewesen wäre, wenn ihr euch gleich zu Anfang eine Aufgabenaufteilung überlegt hättet. Beschreibt doch einmal Situationen, in denen ihr die Aufgaben gleich zu Beginn aufgeteilt habt! Welche Vorteile hatte das? Und wie ist es euch gelungen?«

7.2.2 *Rollen im Team*

Die Teams sollten in ihrer Zusammensetzung heterogen sein. Gleichzeitig sollten die einzelnen Teams in der Klasse bezüglich leistungsbezogener Merkmale und sozial-emotionaler Kompetenzen in ihrer Zusammensetzung vergleichbar sein. Als Größe haben sich vier bis sechs Schüler:innen bewährt. Die Größe der Teams sollte so bemessen sein, dass sie die Aufgaben gut arbeitsteilig lösen und zugleich optimal miteinander kommunizieren können. Zu groß ist ein Team dann, wenn die Kommunikation miteinander aufgrund der Größe erschwert ist oder nicht mehr gelingt. In der Regel ist es für das Arbeiten und für die Teamentwicklung zuträglicher, wenn die Teams keine Neigungsgruppen sind.

Sind die Zuständigkeiten im Team verabredet, funktioniert der Prozess und die Bearbeitung der Aufgaben deutlich besser. Es gibt verschiedene Rollen, die ausgefüllt werden müssen. An dieser Stelle betrachten wir die Rollen, die bei den meisten Aufgaben und Teamprozessen relevant sind. Sie können jedoch auch variieren. Abb. 3 (S. 120) zeigt Rollenkarten, die die Teammitglieder bekommen.

- *Zeitwächter:* Die Zeitwächter:in achtet darauf, dass die definierten zeitlichen Phasen eingehalten werden. Es hat sich bewährt, dass sie der Gruppe durch Zeitkarten (Abb. 4, S. 123) anzeigt, in welcher Phase sich der Prozess aktuell befindet.
- *Regelwächter:* Die Regelwächter:in achtet darauf, dass die Regeln eingehalten werden. Es ist aber nicht ihre Aufgabe, sie durchzusetzen (sie ist keine Hilfspolizist:in). Ihre Aufgabe besteht vielmehr darin, darauf hinzuweisen, wenn Regeln nicht beachtet werden.
- *Moderator:* Die Moderator:in hat die komplexeste Aufgabe. In der Vorbereitungsphase (Kapitel 7.2.3) achtet sie darauf, ob die Aufgabenstellung klar ist, und moderiert die Verteilung der Arbeitsaufträge (sie bestimmt aber nicht!). Wenn die Ergebnisse erarbeitet, zusammengeführt und gesichert werden (Kapitel 7.2.3), achtet sie bei Bedarf auf die Einhaltung der Redereihenfolge, holt die Gruppe zurück zum

Abb. 3: Rollenkarten. – © Hardy Hinrichs, Lübeck

Thema, wenn sie zu stark abweicht, und fasst Ergebnisse zusammen.

- *Präsi:* Die »Präsi« ist für die Präsentation der Ergebnisse federführend zuständig. Ist das Ergebnis ein Produkt (z. B. ein Plakat), nimmt sie die Rolle als »Produktmanager:in« ein. Wird das Ergebnis vorgetragen, ist sie Referent:in der Gruppe.

Die Rollen werden idealerweise in den Gruppen durchgetauscht, während die Teamzusammensetzung über einen längeren Zeitraum konstant bleibt, so dass innerhalb eines Teams tatsächlich Entwicklungsprozesse stattfinden können. Alle Rollen müssen eingeübt werden, damit die Teamarbeit gelingt. Je nach Lernausgangslage sind andere Aspekte beim Einüben der Rollen zu berücksichtigen. Erfahrungsgemäß gelingt es am besten, wenn kurze Teamarbeiten im Plenum »simuliert« bzw. vorgeführt werden, so dass das jeweilige Rollenverhalten für alle sichtbar ist. Es hat sich ebenfalls bewährt, wenn das Rollenverhalten gemeinsam besprochen wird und bei Bedarf Alternativen diskutiert werden. Je nach Altersgruppe und Schulform sind hier verschiedene Komplexitäten vorstellbar. Bei jüngeren Kindern empfiehlt es sich häufig, zunächst fast stereotype Rollenmuster einzuüben. Diese können nach und nach verfeinert werden.

7.2.3 Phasen der Teamarbeit – Zeitmanagement im Team

Damit die Arbeit im Team strukturiert abläuft, benötigen die Schüler:innen Orientierung. Zeitkarten können diese Orientierung bieten. Sie unterstützen die Zeitwächter:in dabei, die Arbeit zu strukturieren. Gerade bei jüngeren Schüler:innen ist es sinnvoll, eine Orientierung über die Teilaufgaben und ihre Dauer zu geben (z. B.: »In der Vorbereitungsphase überlegt ihr, was alles getan werden muss, und verteilt die Aufgaben untereinander. Dafür braucht ihr etwa drei Minuten. Die Zeitwächter:in achtet darauf, dass ihr spätestens nach vier Minuten in die Arbeitsphase übergeht. Das heißt auch: Wenn ihr nach einer Minute noch keine Ideen habt, welche Aufgaben zu verteilen sind, holt ihr euch von der Musterlösung Ideen und arbeitet mit diesen weiter!«).

Die Phasen können klassischerweise in (1) Vorbereitungsphase, (2) Arbeitsphase und (3) Ergebnis sichern unterteilt werden. Schließlich sollte noch viel Zeit für (4) den Rückblick eingeplant werden. Denn in der Rückblick-Phase findet die für die Teamentwicklung wichtige Evaluation und Reflexion statt. Die Ausgestaltung der Phasen hängt vom Aufgabentyp ab. Abb. 4 (S. 123) bezieht sich auf einen Aufgabentyp, bei dem in der Arbeitsphase arbeitsteilig unterschiedliche Aufgaben zu lösen sind, deren Ergebnisse später zusammengeführt werden. Alternativ kann bei anderen Aufgaben, in denen die Gruppe gemeinsam etwas erschafft oder in denen durch Diskussion ein Standpunkt erarbeitet werden soll, die Arbeitsphase durch eine hohe Interaktionsdichte gekennzeichnet sein. Hier sind entsprechende Hinweise oder Hinweiskarten notwendig.

Es ist günstig, wenn – gerade zu Anfang – das Arbeiten im Team mit Erfolg und Spaß (im Sinne von sinnhaft, kurzweilig etc.) verknüpft wird. Das gelingt durch eine entsprechende Vorbereitung der Aufgaben. Positive Abhängigkeit der einzelnen Teammitglieder wirkt sich förderlich aus (Klippert, 2010). Zum Einüben der Teamentwicklungskultur sollten die Aufgaben zunächst eher wenig Zeit beanspruchen, so dass die Rückblicke besonders häufig stattfinden können und damit häufig Chancen bestehen, das Team weiterzuentwickeln.

Abb. 4: Zeitkarten. – © Hardy Hinrichs, Lübeck

7.2.4 *Würdigung und Reflexion der Teamarbeit*

Die Phase der Würdigung verdient eine besondere Aufmerksamkeit. Klippert (2019) schlägt vor, dass jedes Teammitglied am Ende der Teamsession einen Fragebogen ausfüllt, auf dem es (1) sich selbst (ICH), (2) die Arbeit und das Miteinander in der Gruppe (WIR) und (3) die Arbeit an der Aufgabe (AUFGABE) reflektiert. Klippert zeigt in seinem Buch verschiedene Möglichkeiten auf, Fragebögen zu gestalten. In Anlehnung daran zeigt Abb. 5 (S. 125), wie Items die gemeinsame Arbeit erfassen und evaluieren können. Beispiele für die Selbst-Evaluation sind: »Ich habe mich beachtet und ernst genommen gefühlt« oder »Ich habe gut und interessiert mitgearbeitet«. Beispiele für Items, die sich auf die Arbeit an der Aufgabe beziehen, sind: »Die Aufgabe wurde nicht aus den Augen verloren« oder »Die Aufgabe wurde eingehend besprochen und bearbeitet«.

Die Schüler:innen lernen, nach jeder Gruppenarbeit in ihren Teams erstens zu würdigen, was gut funktioniert hat. Zweitens lernen sie, je einen Vorsatz hinsichtlich (1) des eigenen Verhaltens (ICH), (2) der gemeinsamen Arbeit (WIR) und (3) bezogen auf die Aufgabe (AUFGABE) zu fassen. Diese drei Vorsätze werden während der nächsten Gruppenarbeitsphase gezielt umgesetzt. Der Fokus des jeweils nächsten Rückblicks liegt in einem besonderen Maße darauf, die hier erzielten Erfolge in der Umsetzung zu würdigen. Aus diesem Grund ist es notwendig, dass die Schüler:innen mit Anleitung lernen, sich realistische, aber herausfordernde Ziele zu setzen.

Erfahrungsgemäß tendieren einige Schüler:innen, wenn sie diese Art der Arbeit nicht kennen, dazu, entweder unrealistische Vorsätze zu formulieren oder solche, die sie unterfordern, so dass kein spürbares Erleben von Kompetenzzuwachs möglich ist. Hier kann es helfen, mit den Schüler:innen bereits bei der Zielsetzung immer wieder zu überprüfen, ob das Erreichen

WIR …	stimmt überhaupt nicht	stimmt voll-kommen
… haben keinen links liegen lassen.	1–2–3–4–5–6–7	
… sind fair und höflich miteinander umgegangen.	1–2–3–4–5–6–7	
… haben einander geholfen und Mut gemacht.	1–2–3–4–5–6–7	
… haben zugehört und jeden ausreden lassen.	1–2–3–4–5–6–7	
… haben zielstrebig gearbeitet und diskutiert.	1–2–3–4–5–6–7	
… haben bestehende Probleme offen angesprochen.	1–2–3–4–5–6–7	

Abb. 5: Beispielitems für die Reflexion der Arbeit miteinander.

des Ziels Zufriedenheit und Kompetenzerleben bei ihnen auslösen würde. Diese Form der Metareflexion sollte gerade zu Beginn, wenn diese Methode eingeführt wird, punktuell im Plenum nach einer Teamphase stattfinden. Würdigen Sie die Ziele der Schüler:innen und laden Sie die Schüler:innen zugleich ein, diese mit Ihnen gemeinsam zu prüfen. In der Regel übernehmen die Schüler:innen diese Art des Prüfens eigener Ziele und wenden sie nach relativ kurzer Zeit selbständig im Team an.

In diesem Sinne sollten auf der übergeordneten Ebene im Plenum (also auf Ebene der ganzen Lerngruppe) die Teamprozesse als solche kontinuierlich reflektiert und besprochen werden. Im Sinne der Kompetenz- und Wachstumsorientierung sollte der Fokus einerseits auf das Gelingen gelegt werden, das durch die Fragen »Wie ist es euch gelungen? Was habt ihr dafür gemacht, damit es gelingt?« vertieft werden kann. Andererseits sollte der Fokus bei Schwierigkeiten darauf gelegt werden, was die Schüler:innen brauchen, damit es gelingen kann bzw. sich verbessert. Fortschritte und Wachstum sollten unbedingt regelmäßig gewürdigt werden.

7.2.5 *Ernstcharakter und Sinnhaftigkeit*

Ein weiterer wichtiger Aspekt der Teamarbeit ist der Ernstcharakter. Je sinnhafter die zu erarbeitenden Ergebnisse für die Schüler:innen sind, desto größer ist die Motivation zu arbeiten (Eyerer & Krause, 2014). »Projektarbeit mit Ernstcharakter bedeutet, dass die Projektthemen von externen Partnern aus dem wirtschaftlichen Umfeld gestellt werden und dass nach einer Angebotserstellung durch die Schüler der externe Partner einen offiziellen Auftrag erteilt« (Parrisius, 2020, S. 42). In unserem Verständnis müssen die Aufträge nicht zwingend von externen Partnern aus dem wirtschaftlichen Umfeld stammen. Sehr wohl kann jedoch eine Art Auftragscharakter förderlich sein, um Sinnhaftigkeit zu vermitteln. Hierfür können sich auch gut Projekte eignen, die in der Lerngruppe oder in der Schule durchgeführt werden. Die jeweiligen Arbeiten, die in den Teams erledigt werden, sind dann Teil eines größeren Projekts. Auf diese Weise wird auch das kontinuierliche Entwickeln der Teamarbeit selbst sinnstiftend. Projekte können Theater- oder Musikprojekte sein, in denen verschiedene Fächer über eine bestimmte Zeit eingebunden sind (z. B. indem in Deutsch die Texte erarbeitet, in Werken das Bühnenbild gebaut, in Mathe Elemente des Bühnenbilds und der Materialbedarf berechnet werden etc.). Auch Präsentationen in einem weniger großen Kontext können als sinnstiftend erlebt werden. Ein Beispiel ist das Erarbeiten einer kleinen Ausstellung zu heimischen Pflanzen im Rahmen des Biologieunterrichts.

Selbstverständlich kann im Schulalltag die Teamarbeit nicht immer mit Ernstcharakter versehen werden. Sie eignet sich auch gut, um im herkömmlichen Unterricht gemeinsam Inhalte zu erarbeiten. Allerdings ist es für die Entwicklung der Teamstruktur förderlich, wenn die Schüler:innen dieses Format hin und wieder mit Aufträgen verbinden, die im oben beschriebenen Sinn Ernstcharakter haben. Und natürlich hat auch das erfolgreiche Lernen der »normalen« Inhalte und das dazugehörige Erwerben von Kompetenzen Ernstcharakter. Denn der Auftrag von Schule ist es ja, gemeinsam das Wissen und die Kompetenzen der Schüler:innen zu erweitern.

7.3 Peer-Coaching

Es hat sich gezeigt, dass die Selbstwirksamkeit von Schüler:innen in der Mittelstufe gesteigert werden kann, wenn diese sich gegenseitig coachen (Eckert u. a., 2019). Peer-Coaching erhöht nicht nur die Selbstwirksamkeit, sondern hat auch günstige Einflüsse auf das Lernklima und das Miteinander in der Lerngruppe.

Im Folgenden skizziere ich eine Form des Peer-Coachings, die wir im Training *Stark im Stress für Jugendliche* (Eckert u. a., 2019) erfolgreich auch an Brennpunktschulen und berufsbildenden Schulen eingesetzt haben. Anhand von Begleitmaterial haben die Schüler:innen sich gegenseitig gecoacht. Dieses Verfahren kann auch gut im Rahmen der Berufsorientierung in der Mittelstufe eingesetzt werden.

7.3.1 Rollen im Peer-Coaching-Prozess

Ähnlich wie bei der Teamarbeit gibt es auch in diesem Ansatz vordefinierte Rollen, die sich die Schüler:innen nach und nach erarbeiten. Es gibt die *Selbstentwickler:in*, die *Berater:in* und die *Wächter:in*. In einem *Erfolgsteam*, so haben wir die Peer-Coaching-Gruppen genannt, sind alle drei Rollen vertreten. Für das Format Peer-Coaching sollten die Schüler:innen optimalerweise einmal wöchentlich eine Schulstunde, besser eine Doppelstunde zur Verfügung haben. Während einer Peer-

Coaching-Session nimmt jede der drei Schüler:innen eines Erfolgsteams nacheinander alle Rollen an, so dass jeder einmal Selbstentwickler:in, Berater:in und Wächter:in war.

- *Selbstentwickler:in*: Die Aufgabe der Selbstentwickler:in besteht darin, sich ein Entwicklungsprojekt auszuwählen, das sie in den nächsten Wochen bearbeiten möchte. Je nach Alter, Schulform und Kontext können dies sehr unterschiedliche Projekte sein. Schulbezogene Projekte können sich auf das Erlernen von bestimmten Methoden oder Arbeitstechniken, auf das Überwinden von Prokrastination oder dysfunktionalen Arbeitshaltungen, auf häufigere Mitarbeit etc. beziehen. Schüler:innen können sich auch resilienzfördernde Entwicklungsprojekte vornehmen, indem sie beispielsweise ein neues Hobby beginnen, das ihnen guttut und einen guten Ausgleich schafft (z. B. Jonglieren oder ein Musikinstrument erlernen). Entwicklungsprojekte können aber auch das soziale Miteinander (z. B. »Ich möchte andere respektvoller behandeln«), selbstbezogene Ziele (z. B. »Ich möchte lernen, klar und bestimmt meine Meinung zu vertreten, ohne zu provozieren oder mich provozieren zu lassen« oder: »Ich möchte Schlagfertigkeit trainieren«) oder berufsrelevante Themen betreffen. Die Auswahl des Themenspektrums legt in der Regel die Lehrer:in durch den Rahmen fest, den sie gibt.
  Die Selbstentwickler:in verfolgt ihr Entwicklungsziel Stück für Stück und wird von der Berater:in dabei unterstützt. Auch der Selbstentwicklungsprozess im Peer-Coaching zielt darauf ab, Erfolgserleben und Kompetenzzuwachs anzubahnen und wahrzunehmen. Zugleich erarbeitet sich die Selbstentwickler:in individuell und situativ passende Strategien, wie sie mit etwaigem Scheitern umgeht und daraus neue Entwicklungsimpulse formuliert.

- *Berater:in:* Der Berater:in kommt es zu, die Selbstentwickler:in in ihrem Entwicklungsprozess zu begleiten. Dabei geht es jedoch nicht darum, möglichst viele Ratschläge zu formulieren, sondern erstens durch Fragen der Selbstentwickler:in zu mehr Klarheit zu verhelfen und zweitens den Entwicklungsprozess mit der Selbstentwickler:in gemeinsam zu strukturieren (»Was ist der nächste Schritt? Was musst du als Nächstes tun? Wann machst du das? Was brauchst du dazu?« etc.).
  Es hat sich als hilfreich erwiesen, wenn die jeweiligen Peer-Coaching-Sessions von der Lehrer:in gut vorbereitet werden. Die Methoden (z. B. das Festlegen von Entwicklungszielen) werden im Plenum vermittelt und demonstriert und dann in den Erfolgsteams erprobt. Die Berater:innen bekommen zugleich noch gut aufbereitetes Material an die Hand, das es ihnen erleichtert, die Selbstentwickler:in anhand zuvor formulierter Fragen oder Methoden zu begleiten. Dabei übernimmt die Berater:in nicht die Verantwortung für den Prozess des Coachings, sondern macht nur Angebote. Die Verantwortung liegt bei der Selbstentwickler:in in Abstimmung mit der Berater:in.
- *Wächter:in:* Das Peer-Coaching ist ein Format, das die Schüler:innen in der Regel nicht kennen. Sie müssen es lernen. Hier liegt der Schwerpunkt der Wächter:in. Ihre Aufgaben bestehen zum einen darin, darauf zu achten, dass Zeitvorgaben eingehalten werden und dass der Beratungsprozess beim Thema bleibt. Weichen die beiden anderen sichtbar vom Thema ab, kann die Wächter:in durch die Frage »Gehört das noch zum Thema?« darauf hinweisen. Sie ist nicht dafür verantwortlich, dass das Thema eingehalten wird. Sie spiegelt lediglich wider, wenn sie eine Abweichung wahrnimmt. Zum anderen moderiert die Wächter:in in der Reflexionsphase die Würdigung und das Formulieren von Pro-

zesszielen. Prozessziele sind Ziele, die den Beratungsprozess betreffen. Die Wächter:in arbeitet diese heraus, indem sie die beiden anderen fragt, was in dem Prozess hilfreich war und was sie noch gebraucht hätten? Zudem kann die Wächter:in auch ihre eigenen Beobachtungen mitteilen.

Das gelingt den Schüler:innen nicht auf Anhieb, sondern muss nach und nach geübt und reflektiert werden. Das kann in ähnlicher Weise geschehen, wie es oben für die Teamentwicklung skizziert ist (Kapitel 7.2.4). Es können auch ähnlich standardisierte Fragebögen zur Reflexion des Coaching-Prozesses eingesetzt werden.

7.3.2 Struktur des Peer-Coaching-Prozesses

Die genaue Strukturierung des Prozesses ist sehr abhängig vom jeweiligen Themengebiet. In einem Coaching-Prozess, der auf Berufsorientierung abzielt, benötigen die Schüler:innen eine andere Struktur, als wenn sie gezielt bestimmte Fähigkeiten erwerben oder Verhaltensweisen verändern wollen. Eine gute Orientierung bieten jedoch für eine Vielzahl von Anwendungsbereichen die Phasen des Rubikonmodells (Achtziger & Gollwitzer, 2010), besonders wenn es um verhaltensbezogene Veränderungen geht:

- *Phase 1: Zielfindungsphase.* Hier orientiert die Selbstentwickler:in sich und findet ein Ziel, das sie verfolgen möchte. Dabei geht es im Peer-Coaching in dieser Phase darum, abzuwägen, ob und gegebenenfalls warum das Ziel wichtig ist. Es ist wichtig, diese Phase mit dem Formulieren einer klaren und konkreten Absicht abzuschließen.

Beispiel:
Die Selbstentwickler:in ist mit ihren Zensuren unzufrieden.

Sie bekommt von vielen Lehrer:innen die Rückmeldung, dass sie sich zu wenig meldet. Aber die mündliche Beteiligung fällt ihr aus verschiedensten Gründen schwer. Am Ende dieser Phase nimmt sie sich vor, dass sie sich häufiger melden möchte. Die Berater:in lässt sie dann noch darüber »spekulieren«, was sich zum Positiven verändern würde, wenn sie sich häufiger meldet, und wem das positiv auffallen würde. Dadurch festigt sie die Absicht. Für das Entwickeln dieses Ziels hat die Selbstentwickler:in eine Peer-Coaching-Session benötigt.

Tipp: Beim Finden von Zielen können diese beiden Methoden hilfreich sein:
(1) Wertgeleitete Entwicklungsprojekte: Die Selbstentwickler:in wählt aus einer Liste mit Werten (Respekt, Freundschaft, Zuverlässigkeit, Pünktlichkeit, Ordnung, Vertrauen etc.) einen Wert aus, der ihr besonders wichtig ist. Dann erarbeitet Sie den guten Gegenwert (z. B. mit dem Werte- und Entwicklungsquadrat; Kapitel 4.3). Schließlich überlegt sie, welchen der beiden Werte sie in den nächsten Wochen etwas stärken möchte und wie das aussehen könnte. Daraus können konkrete Entwicklungsziele abgeleitet werden.
(2) Zukunftsbezogene Entwicklungsprojekte: Die Selbstentwickler:in wird zu einer kurzen mentalen Zeitreise eingeladen. Sie soll sich dabei zunächst vorstellen, sie wäre in einer Zukunft[14] gelandet, in der ihr vieles gut gelungen ist. Danach reist sie mental in eine Zukunft, in der vieles nicht gut gelungen ist, und schaut schließlich noch einmal in der gelungenen Zukunft vorbei. Aus diesen Eindrücken lassen sich gut Entwicklungsziele ableiten.

- *Phase 2: Planung.* Eines der übergeordneten Ziele ist es, dass

14 Ein guter Zeitpunkt könnte während oder nach der Berufsausbildung oder dem Studium sein.

die Schüler:innen Erfolge erleben. Dazu müssen die Ziele erreichbar sein. In dieser Phase geht es darum, Schritte zu planen, die in Richtung Zielerreichung weisen. In der Regel werden mehrere Etappen benötigt, bis das Ziel erreicht wird. Es werden in einer Peer-Coaching-Session erste Schritte geplant, die die Selbstentwickler:in gehen kann. Die nächste Etappe wird in der nächsten Session in Angriff genommen und geplant.

Allerdings werden nicht nur Handlungen geplant, die der Zielerreichung dienen. Wichtig ist es auch, Hindernisse und Widerstände zu antizipieren und Überwindungsstrategien zu entwickeln. Am Ende dieser Phase bzw. am Ende jeder Session, in der Handlungen geplant werden, werden Brücken in den Alltag benötigt. Denn die beste Planung nützt nichts, wenn die Selbstentwickler:in die Handlungen im entscheidenden Augenblick nicht initiieren kann.

Im Kapitel 5.3 haben wir bereits über »Implementention Intentions« gesprochen. Darunter verstehen Gollwitzer und Brandstätter (1997) einfache »Wenn-dann-Sätze«, die uns darauf »programmieren«, zur richtigen Zeit bzw. unter den richtigen Bedingungen das Zielverhalten zu zeigen. Auch das mentale Kontrastieren, das wir im Kapitel 5.3 angesprochen haben, kann die Implementierung der Verhaltensabsichten unterstützen, bei der Überwindung von Widerständen helfen (Duckworth u. a., 2011) und somit eine weitere Brücke in den Alltag darstellen.

Beispiel:

Die Selbstentwickler:in versteht, dass sie oft im Unterricht nichts sagt, weil sie sich unsicher ist und nichts Falsches sagen möchte. Sie plant als ersten Schritt, die Hausaufgaben gründlicher zu machen und sich mindestens einmal pro Stunde bei den Hausaufgaben zu melden. Ein weiterer konkreter Vorsatz

ist, dass sie einmal pro Stunde, wenn sie etwas nicht versteht, nachfragen möchte. Denn beim Nachfragen muss sie sich ja nicht sicher sein, weil sie keine »falsche« Antwort geben kann – sie trainiert aber das Melden.
Weil sie weiß, dass sie schnell den Mut verliert und dann das Melden aufschieben wird, bis die Stunde vorbei ist (Hindernis), beschließt sie, dass sie sich gleich in den ersten zehn Minuten mindestens einmal meldet (Überwindungsstrategie). Sie koppelt das in Mathe daran, dass ihr Mathelehrer sehr zuverlässig nach etwa zehn Minuten an die Tafel geht und eine Beweisführung anschreibt. Immer wenn *der Mathelehrer an der Tafel steht und eine Frage stellt,* dann *meldet sie sich (Wenn-dann-Satz). Schließlich stellt sie sich noch vor, wie erleichtert und stolz sie sein wird, wenn sie es schafft, sich regelmäßig zu melden. Das kontrastiert sie mit der Vorstellung, dass sie über sich enttäuscht ist, wenn sie es nicht geschafft hat.*
In den nächsten Peer-Coaching-Sessions werden auf diese Weise weitere Strategien geplant.

- *Phase 3: Handeln.* In der Regel findet diese Phase nicht während der Peer-Coaching-Session statt. Allerdings können Berater:in und Selbstentwickler:in in der Phase der Planung noch Maßnahmen überlegen, die die Selbstentwickler:in bei der Umsetzung unterstützen. Dies können beispielsweise kurze WhatsApps mit kleinen Erinnerungen oder Nachfragen sein. Auch Timer als Selbsterinnerungen können hier genutzt werden.

Beispiel:
Die Selbstentwickler:in stellt ihr Handy auf Vibrationsalarm, damit sie spätestens 20 Minuten nach Stundenbeginn daran erinnert wird, sich zu melden. Zudem verabredet sie mit der Berater:in, dass diese sie direkt im Anschluss an die Unter-

richtsstunde anspricht. Wenn sie sich gemeldet hat, bekommt sie ein kurzes Lob, wenn nicht, fragt die Berater:in, was die Selbstentwickler:in braucht, um sich in der nächsten Stunde zu melden[15].

- *Phase 4: Rückblick/Bewertung.* Jeweils zu Beginn der nachfolgenden Peer-Coaching-Sessions wird rückblickend gewürdigt, was erreicht wurde, und reflektiert, was nicht funktioniert hat. Auch hier sollte der Fokus besonders darauf liegen, das Erreichte zu würdigen. Falls etwas nicht funktioniert hat, werden neue Möglichkeiten erarbeitet, wie es doch funktionieren kann oder welche Alternativen es gibt, die die Selbstentwickler:in erproben kann.

  Beispiel:
  Die Selbstentwickler:in berichtet kurz, dass es ihr oft gelungen ist, sich zu melden, und bleibt dann lange mit der Aufmerksamkeit bei den wenigen Malen, bei den es nicht funktioniert hat. Die Berater:in lenkt zunächst den Fokus auf das Gelingen und lässt sich detailliert berichten, wie es geklappt und welche ihrer Fähigkeiten die Selbstentwickler:in eingesetzt hat. Beim Berichten wirkt die Selbstentwickler:in stolz.
  Besonders in Chemie hat es nicht gut funktioniert, weil der Chemielehrer immer so streng schaut und die Selbstentwickler:in dann besonders Angst hat, etwas falsch zu machen. Im Peer-Coaching erarbeiten sie, dass es erstens in Ordnung ist, sich in Chemie nicht zu melden (alle haben Verständnis). Als die Berater:in fragt, was die Selbstentwickler:in bräuchte, damit sie sich auch bei diesem Lehrer hin und wieder mal meldet,

15 Der Fokus sollte positiv in die Zukunft gerichtet bleiben und nicht defizitorientiert werden. Auch dann nicht, wenn ein Vorsatz nicht umgesetzt wird. Das ist eine gute Übung für Schüler:innen.

sagt sie: »Mir gelingt es vielleicht, wenn ich mich nicht unter Druck setze.« Sie erarbeiten, dass die Selbstentwickler:in sich selbst jedes Mal innerlich 100 Punkte geben kann, wenn es ihr trotzdem gelingt. Damit ist der Druck herausgenommen.

Die Handlungsphasen des Rubikon-Modells finden sich auch im Kleinen in jeder Peer-Coaching-Session wieder. Es beginnt mit einem Rückblick. Daraus werden eine Auftragsklärung und die Zielfindung für die aktuelle Session abgeleitet. Danach wird das Handeln geplant, mögliche Hindernisse antizipiert und Überwindungsstrategien ersonnen.

7.3.3 Ein letzter Gedanke zur Praxistauglichkeit

Wenngleich dieses Format zunächst etwas sperrig scheint und es schwer in die Zeitstruktur von Unterricht integrierbar ist, so sind die Vorteile aus meiner Sicht jedoch bestechend. Die Selbst- und Sozialkompetenzen, die die Schüler:innen erwerben, führen in der Regel zu mehr Verantwortung für den eigenen Lernprozess und das eigene Verhalten, aber auch zu einer erhöhten Verantwortungsübernahme für Prozesse innerhalb der Klasse. Zudem werden in diesem Format Fähigkeiten aufgebaut, trainiert und kultiviert, die für das demokratische Miteinander in der Schule und in der Gesellschaft wichtig sind.

8 Umgang mit Störungen

Eine schlechte Nachricht vorab: Obwohl man bereits durch proaktives Handeln im Unterricht einem großen Teil der Störungen vorbeugen kann, benötigen Sie einen Werkzeugkasten, mit dem Sie Störungen begegnen können. Der Wunsch nach sofort wirkenden Maßnahmen ist sehr groß. Allerdings spielen bei Störungen so viele Facetten und Bedingungen mit hinein, dass es schwierig (und meist unseriös) ist, ein Patentrezept zu geben. Manchmal muss man die aktuelle Störung einfach ertragen und aushalten (ohne sie zu akzeptieren). Denn wenn eine Schüler:in stören will, wird sie es auch tun können. So weit die schlechte Nachricht.

Reflexionsimpuls
Damit Sie diese schlechte Nachricht noch ein wenig auskosten können, möchte ich Sie dazu einladen, sich einmal mehr in die Zeit zurückzuversetzen, in der Sie selbst noch Schüler:in waren (vielleicht etwa in der achten Klasse).

Stellen Sie sich eine Unterrichtssituation vor, und stellen Sie sich auch vor, Sie hätten das unbedingte Ziel gehabt, den Unterricht zu stören. Vielleicht spitzen Sie Ihre Vorstellung noch ein wenig zu, indem Sie einmal so tun, als hinge Ihr Leben davon ab, den Unterricht zu stören. Wenn Ihre Lehrer:in Sie des Raumes verweist, weigern Sie sich einfach. Stiften Sie stattdessen noch mehr Unruhe. Vielleicht führen Sie Ihre Lehrer:in auch vor …

Spielen Sie so lange mit dieser Vorstellung, bis Sie genüsslich merken, wie viel Macht Sie als Jugendliche:r haben … Ab wann fängt es an, Ihnen Spaß zu machen?

Ihnen macht solche Vorstellung keinen Spaß? Aber bestimmt kennen Sie einen Menschen, den Sie schätzen, der oder die sich an dieser Vorstellung erfreuen könnte, oder?

Jetzt kommt die gute Nachricht. Auch wenn Sie manchmal in Akutsituationen die Störungen hilflos anschauen müssen, können Sie durch geeignete Klassenführung einen guten Umgang mit Störungen anbahnen und diese dann auch in Akutsituationen befriedigender lösen. Und darum geht es in diesem Kapitel. Patentrezepte gibt es keine.

Zunächst stelle ich Ihnen vor, wie Sie mit Schüler:innen, die immer wieder den Unterricht stören, gute und tragbare Vereinbarungen treffen können (Kapitel 8.1). Diese Vereinbarungen machen es Ihnen dann leichter, wenn akute Störungen im Unterricht auftreten, schnell und effizient zu handeln (Kapitel 8.2). Schließlich skizziere ich Ihnen noch das Konzept der neuen Autorität von Haim Omer, welches sich im Umgang mit sogenannten »problematischen« Jugendlichen besonders bewährt hat (Kapitel 8.3).

Reflexionsimpuls
Apropos »hilflos anschauen müssen«: Welche innere Haltung wäre für Ihre eigene Erregungsregulation denn hilfreich (und in der Situation angemessen), wenn Sie wissen, dass Sie eine akute Störung ohnehin nicht verhindern können? Und welche Haltungen wären (für Sie) unangemessen?

Hierbei gibt es keine richtigen Antworten. Wie so oft spielen Ihre Persönlichkeit, die Lerngruppe und die Umstände eine Rolle. Mir persönlich hilft es oft, wenn ich ohnehin nichts ändern kann, in eine sogenannte »Zuschauer-Rolle« zu wechseln und zu denken: »Mein Gott, ist das aber spannend. Was dieser Schüler jetzt für Energie in die Situation einbringt ... sagenhaft!« Das entspannt mich recht schnell. Und dann fallen mir manchmal sogar kreative Lösungen ein, die hin und wieder sogar zum Erfolg führen (aber längst nicht immer).

8.1 Ziel- und Ressourcenvereinbarung treffen

Die Grundlage, auf der Sie mit Störungen umgehen können, ist eine Ziel- und Ressourcenvereinbarung mit der Schüler:in. Auf diese Vereinbarung können Sie im Falle einer Störung zurückgreifen. Der Vorteil einer persönlichen Vereinbarung besteht darin, dass die Wahrscheinlichkeit der Zielbindung höher ist, wenn die Vereinbarung einvernehmlich getroffen wurde. Damit das geschieht, sind ein paar Rahmenbedingungen günstig, die sich gut im Einzelgespräch (Ziel- und Ressourcenvereinbarung) realisieren lassen. Das Wichtigste ist und bleibt selbstverständlich eine tragfähige Beziehung (Kapitel 4). Gelingt eine tragfähige Ziel- und Ressourcenvereinbarung, zahlen Sie damit auch auf das Beziehungskonto ein.

Um Störungen konstruktiv bewältigen zu können, sollten Sie und die Schüler:in erstens ein *ähnliches Problembewusstsein* haben (Kapitel 8.1.1). Solange die Schüler:in das Verständnis pflegt, dass es Ihr Problem ist, wenn es im Unterricht Störungen gibt, werden Sie nicht zu einer einvernehmlichen Lösung im Sinne einer Ziel- und Ressourcenvereinbarung gelangen. Jedes Verhalten, auch Störungen, werden durch »gute Gründe« motiviert (Sun, 2015). Wenn Sie diese nicht berücksichtigen und in die Lösungen mit einbauen, droht das Scheitern. Vor allem dann, wenn die Störungen keine Einzelereignisse sind. Deswegen sollte zweitens ein weiteres Element einer Ziel- und Ressourcenvereinbarung das *gemeinsame Verständnis der Gründe hinter dem Verhalten* sein (Kapitel 8.1.2). Schließlich sollten Sie drittens gemeinsam herausarbeiten, welches *Ziel* für die Schüler:in realistisch ist und welche *Ressourcen* diese benötigt, um das Ziel erreichen zu können (Kapitel 8.1.3).

8.1.1 Problembewusstsein

Der Anlass eines Ziel- und Ressourcenvereinbarungsgesprächs besteht darin, dass *Sie* eine Störung wahrnehmen und dass *Sie* wünschen, dass sich das Verhalten der Schüler:in verändert. Damit haben streng genommen zunächst *Sie* das Problem, die Schüler:in aber nicht. Denn ein Problem ist dadurch definiert, dass es eine spürbare und negativ bewertete Ist-Soll-Diskrepanz gibt (Schmidt, 2021). Gibt es keine Ist-Soll-Diskrepanz, besteht kein Grund zum Handeln bzw. für Veränderungen. Somit besteht für die Schüler:in genau genommen so lange kein Handlungsbedarf, solange diese keine Ist-Soll-Diskrepanz spürt. Vor dem Hintergrund der Annahme, dass jedes Verhalten durch subjektiv »gute« Gründe motiviert wird (Kapitel 8.1.2), ist zudem anzunehmen, dass die Schüler:in sich einen Nachteil verschaffen würde, wenn sie ihr Verhalten verändert, ohne dass für die Schüler:in eine Ist-Soll-Diskrepanz spürbar wäre. Denn das neue Verhalten befriedigt mit großer Wahrscheinlichkeit nicht mehr im gleichen Maße die aktuellen Motive der Schüler:in. Beispielsweise könnte respektloses Verhalten Lacher und Anerkennung der Peers bringen – oder es führt zu dem Erleben von Autonomie. »Angepasstes« Mitarbeiten würde diese Vorteile verwehren.

Wie kann es gelingen, dass die Schüler:in selbst eine Ist-Soll-Diskrepanz bezogen auf ihr eigenes Verhalten erlebt? Die Quellen des Diskrepanzerlebens können (1) die Beziehung, (2) die Ziele von Schule, (3) die anderen Schüler oder (4) allgemeine soziale Normen sein. Es hat sich bewährt, bereits beim Herausarbeiten des Problembewusstseins die innere Haltung einzunehmen, dass es auch gute Gründe für das nicht akzeptable, störende Verhalten gibt. In vielen solcher Gespräche, die ich beobachtet habe, konnte ich immer wieder sehen, wie Lehrer:innen der Verführung verfielen, den Schüler:innen aufzuzeigen, wo sie – die Lehrer:innen selbst – Ist-Soll-Diskrepanzen wahrnehmen. Lehrer:innen sagen beispielsweise: »Wenn du sich so verhältst, können die anderen nicht lernen! Deshalb möchte ich dich bitten, den Unterricht nicht mehr zu stören.« Das kann bei milden Störungen funktionieren. Häufig aber zeigen die Schüler:innen oberflächliche Einsicht, die jedoch nicht zu wirklichen Verhaltensänderungen führt. Die Schüler:innen zeigen im Gespräch nur das Verhalten, von dem sie glauben, es wird von ihnen erwartet. Manchmal zeigen sie uns auch direkt, dass sie kein Problem sehen bzw. es ihnen egal ist.

Durch einen kleinen Zusatz in der Kommunikation lässt es sich jedoch verändern. Beschreiben Sie die Konsequenz des Verhaltens und fragen Sie, ob die Schüler:in diese Folge ihres Verhaltens beabsichtigt. Beispiel: »Wenn du dich so verhältst, können die anderen nicht lernen! Möchtest du das? Möchtest du die anderen am Lernen hindern?« Durch diese zusätzliche Frage können Sie die Schüler:in anregen, Ist-Soll-Diskrepanzen aufzubauen und spürbar zu erleben. Denn auf diese Weise müssen diese Schüler:innen verbindlich »Farbe bekennen«. Diese Ist-Soll-Diskrepanzen lassen sich zu unterschiedlichen Quellen aufbauen. Die Auswahl der Bezugsquelle sollte mit Bedacht gewählt werden und zu der Schüler:in passen.

Beispiele für das Aufbauen von Ist-Soll-Diskrepanzen:

- *Beziehungsebene: »Ich ärgere mich sehr, wenn ich so respektlos (gegebenenfalls Verhalten einfügen) behandelt werde. Ist das deine Absicht? Möchtest du mich ärgern?«*
- *Ziele des Unterrichts bzw. der Schule: »Durch dein Verhalten verbaust du dir die Möglichkeit, den Unterrichtsstoff zu lernen. Willst du das? Willst du tatsächlich nichts lernen bzw. es dir zusätzlich schwermachen?«*
- *Mitschüler:innen: »Durch dein Verhalten werden deine Mit-*

schüler:innen beim Lernen gestört. Möchtest du sie wirklich stören?«

- *Allgemeine Normen (gegebenenfalls Klassenregeln): »Kennst du die Klassenregel Nr. 4: Wir lassen uns gegenseitig ausreden?« – »Ja« – »In letzter Zeit unterbrichst du deine Mitschüler:innen sehr häufig. Möchtest du bewusst gegen unsere verabredeten Regeln verstoßen?«*

Durch die Art, wie Sie dieses Gespräch aufbauen, können die Schüler:innen im Sinne eines Gesichtsverlusts beschämt werden, wenn Sie auf eine Weise antworten, in der eine Ist-Soll-Diskrepanz entsteht. Das sollten Sie unbedingt vermeiden. Und dafür ist eine tragfähige Beziehung und ein wachstumsorientiertes Klima nötigt. Denn dadurch weiß die Schüler:in, dass es in Ordnung ist, auch mal Fehler gemacht zu haben. Diese sind korrigierbar. Und das ist das Ziel. Sie können auch direkt gute Absichten unterstellen: »Ich kann mir nicht vorstellen, dass es deine Absicht, die anderen zu stören« oder: »Du hast bestimmt gute Gründe, dich so zu verhalten – aber so wie ich dich kenne, glaube ich nicht, dass du mich mit Absicht verärgern wolltest. Oder wolltest du?« Wenn die Schüler:innen diese Absicht nicht hatten, dann haben sie spätestens jetzt eine spürbare Ist-Soll-Diskrepanz.

Sobald die Schüler:innen die Diskrepanz spüren, können gemeinsam Überlegungen angestellt werden, wie alle Beteiligten zu einem alternativen Verhalten gelangen können, mit dem die Diskrepanz reduziert oder abgebaut wird. Dazu sind die nächsten Schritte geeignet.

Aus meiner Erfahrung befürchten viele Lehrer:innen, dass die Schüler:innen diese Einladungen, Diskrepanzen zu erleben, nicht annehmen (»Das ist mir egal!«). Erstens ist die Befürchtung meistens unbegründet, wenn Sie sich ernsthaft und auf »Augenhöhe« mit der Schüler:in auseinandersetzen. Zweitens können Sie, wenn die Schüler:in sich an keine der Normen oder Beziehungen gebunden fühlt, herausarbeiten, was die Schüler:in benötigt. Oft braucht es Zeit, Geduld und viel Beziehungsarbeit. Manchmal können Sie auch plausible Gründe hierfür herausarbeiten (Kapitel 8.1.2).

8.1.2 Jedes Verhalten hat gute Gründe

Der Schriftsteller Otto Ernst schrieb: »Jede Schuld ist verständlich, wenn man ihr Werden gesehen hat.« Genauso sind auch jedes Fehlverhalten und jede Unterrichtsstörung grundsätzlich verständlich. Oft jedoch machen wir uns nicht die Mühe, die Gründe hinter dem Verhalten wirklich zu erfahren und zu verstehen. In Gesprächen mit Lehrer:innen begegnen mir oft die (angstvollen) Einwände, dass man ja nicht für alles Verständnis haben, dass man als Lehrer:in ja nicht in die Tiefen der Kinder- und Jugendlichenseelen blicken kann und die frühen Beweggründe für das Verhalten gar nicht aufarbeiten könne, dass man vor allem dafür keine Zeit habe und dass es schließlich auch nichts ändere, wenn man es wüsste.

Von Schüler:innen höre ich in Gesprächen, dass es sowieso niemanden interessiere, warum man in Wirklichkeit so gehandelt habe, dass man nur funktionieren müsse, dies aber nicht könne, dass man eben nicht in das System passe usw. Beide Seiten spiegeln ungünstige Lernprozesse wider, die sich in Glaubenssätzen niederschlagen, die das gegenseitige Verständnis hin und wieder erschweren.

Ich möchte Sie ermutigen, diese ungünstigen Vorannahmen zu überwinden (falls nötig), bevor wir uns ansehen, wie es gelingen kann, gemeinsam mit der Schüler:in die »guten Gründe« für das unerwünschte Verhalten herauszuarbeiten. Zunächst sollten wir einmal die Rolle der Biografie bedenken: Unsere Vorerfahrungen – von den ganz frühen Tagen bis heute – beeinflussen die Art und Weise, wie wir eine Situation interpretieren, bewerten und was uns wichtig ist. Wer beispielsweise gelernt hat, dass er nur ein wertvoller Mensch ist, wenn er alles zu jeder Zeit hundertprozentig perfekt macht, der wird eine aktuelle Feedbacksituation als sehr selbstwertbedrohlich erleben und möglicherweise alles unternehmen, diese kränkende Erfahrung nicht machen zu müssen. Eine probate Art der Vermeidung innerhalb der Schule könnte die Störung sein. Nun können wir frühe (ungünstige) Erfahrungen weder rückgängig machen, noch können wir sie im Setting Schule heilen. Das ist nicht der Auftrag der Schule. Wir können allerdings einen Umgang mit dem finden, was die Schüler:innen mitbringen. Bereits der Schriftsteller, Dichter und Philosoph Sartre wusste: »Es kommt nicht darauf an, was man aus uns gemacht hat, sondern darauf, was wir aus dem machen, was man aus uns gemacht hat«. Arbeiten wir also mit dem, was wir haben und sind.

Wenn wir *ehrlich* bemüht sind zu verstehen, warum es zu einer Störung kam, zahlen wir damit auf das Beziehungskonto ein. Dabei ist es wichtig, dass wir es nicht nur einmalig versuchen, sondern dass dieses Bemühen unsere Haltung prägt. Übrigens bedeutet die »Einzahlung auf das Beziehungskonto«, dass es in der Regel auf beiden Seiten zu Veränderungen kommt. Manchmal lösen sich Konflikte und anhaltende Störungen bereits dadurch auf, dass die Schüler:in sich verstanden fühlt. Manchmal sind Konflikte das Ergebnis gegenseitiger Unterstellungen (»Die hat ja ohnehin was gegen mich, sonst hätte die mir mündlich keine Fünf gegeben« – »Der genießt es, wenn er meinen Unterricht kaputtmachen kann. Der ist faul und hinterhältig, und deshalb stört er«).

Um das zu vereinbarende Ziel (das in der Regel ein Ziel von Ihnen ist) zu erreichen, benötigen die Schüler:innen oft Ressourcen (Kapitel 8.1.3). Diese Ressourcen betreffen meistens die »guten Gründe« für das störende Verhalten. Wenn eine Schüler:in beispielsweise stört, weil sie im Unterricht nichts versteht und dies schwer aushalten kann, dann müsste die Ziel- und Ressourcenvereinbarung darauf abzielen, einen akzeptablen Umgang damit zu finden, dass die Schüler:in aktuell nichts versteht. Damit aber tragfähige und funktionierende Ziel- und Ressourcenvereinbarungen gefunden werden können, ist es wichtig, die Hindernisse – also die Gründe für die Störung zu verstehen. Selbstverständlich variiert das Ausmaß stark, in dem man die Gründe vollständig verstehen muss. Manchmal reicht auch sehr wenig für eine gute Einigung aus, die im Alltag trägt.

Wie gelingt es, gemeinsam mit der Schüler:in die »guten Gründe« herauszuarbeiten? Das Allerwichtigste dabei ist die Haltung (s. o.). Wenn Sie mit »allen Fasern Ihres Körpers« ausdrücken: »Das Verhalten ist unmöglich und jetzt wollen wir einmal *schnell (und bloß nicht zu lange)* die Gründe verstehen, damit wir *möglichst schnell* zur Tagesordnung übergehen können (denn mir ist die Tagesordnung wichtiger als deine Gründe)!«, ist das sicherlich eine ungünstigere Voraussetzung, als wenn Sie ausstrahlen: »Es gibt bestimmt gute Gründe – auch wenn ich sie noch nicht verstehe. Aber eine Schüler:in wie du wird gute Gründe haben, sonst würde sie sich nicht so verhalten. Und selbst wenn ich die Verhaltensweisen nicht tolerieren kann – die Gründe für dein Verhalten sind menschlich und verständlich. Lass uns gemeinsam schauen, damit es für dich und für mich besser wird!«

Sie müssen längst nicht alles dieser Haltung explizit aussprechen, aber es hilft, wenn die Schüler:in weiß und merkt, dass Sie ihr gute Beweggründe zutrauen. Zudem hilft eine neugierige Haltung. Manchmal sind die Schüler:innen noch sehr in dem System Lehrer-gegen-Schüler verhaftet, so dass sie entweder keinen Zugang zu den Gründen haben oder so wenig kooperieren möchten, dass ein offenes und neugieriges Fragen nicht direkt Antworten liefert. Als besonders nützlich hat es sich erwiesen, wenn Sie zunächst die Schüler:in fragen, ob sie denn auch glaubt, dass sie einen guten Grund hat, warum sie so gehandelt hat, und ob sie diesen gemeinsam mit Ihnen herausfinden will. Je besser und spürbarer die Ist-Soll-Diskrepanz herausgearbeitet ist – das heißt, je stärker das Problembewusstsein der Schüler:in –, desto größer ist erfahrungsgemäß auch die Motivation, gemeinsam gute Gründe herauszuarbeiten.

Eine weitere hilfreiche Möglichkeit zum Herausarbeiten von guten Gründen ist das Formulieren von Hypothesen (Schlippe, 2003). Bestimmt haben Sie als Lehrer:in Ideen, was die Schüler:in mit diesem Verhalten bezweckt. Formulieren Sie – selbstwertdienlich – Hypothesen, die die Schüler:in auch verwerfen darf.

Beispiel:
L: »Könnte es sein, dass es dir gefällt, wenn die anderen lachen? Das könnte ich verstehen, wenn es so wäre.«
S (muss grinsen): »Na ja ...«
L: »Also schon?!«
S: »Ja, Mathe ist irgendwie langweilig – entschuldigen Sie, wenn ich das sage – und wenn die anderen lachen, dann vergeht die Zeit schneller.«
L: »Dir ist also auch zu wenig los in Mathe. Ist das richtig?«
Die Lehrerin hat ihre Hypothese, dass in Mathe zu wenig Action ist und dass der Schüler durch die Störung der Langenweile entgegenwirken möchte, getestet. Sie könnte weiterhin nachfragen, ob die Zustimmung der anderen eine Rolle spielt. Auf diese Weise arbeitet sie »nachvollziehbare« Gründe für die Störung heraus. Diese können durch gute Lösungen im nächsten Schritt adressiert werden.

Auf diese Weise lassen sich zunächst die Gründe herausarbeiten. Hypothesen sollten dabei stets so formuliert sein, dass die Schüler:innen sie auch ablehnen können. Stattdessen können die Schüler:innen eingeladen werden, selbst Hypothesen aufzustellen. Obgleich es darum geht, die Anliegen der Schüler:innen ernst zu nehmen – und damit auch die Gründe, die hinter dem störenden Verhalten liegen –, kann und darf das gemeinsame Suchen nach Hypothesen eine humorvolle Angelegenheit sein. Wenn das gelingt, gelingt häufig auch eine Distanzierung von der Störung.

Bewertungen wie »Mathe muss auch nicht immer Spaß machen!« o. Ä. hemmen den Prozess. In diesem Schritt ist es sinnvoll, die Störung durch die Brille der Schüler:in zu sehen und zu verstehen. Erst im nächsten Schritt können Sie gemeinsam mit der Schüler:in Lösungen (Ressourcen) suchen. Die Lösung in dem Beispiel bestünde wahrscheinlich nicht darin, ab jetzt Mathe unterhaltsamer zu gestalten. Es würde eher darum gehen, gemeinsam einen Umgang mit den Bedingungen zu finden.

8.1.3 Welches Ziel ist realistisch? Welche Ressourcen braucht die Schüler:in dafür?

Nachdem ein Problembewusstsein erarbeitet und die Gründe für das Verhalten herausgearbeitet wurden, geht es im nächsten Schritt darum, eine Ziel- und Ressourcenvereinbarung zu treffen. Ich nutze bewusst den Begriff Ziel- und Ressourcenvereinbarung, weil dieser erstens die Kopplung des Ziels und der dafür benötigten Ressourcen suggeriert. Zweitens beinhalten diese Begriffe eine Form der Reziprozität, die für eine kooperative Einigung angemessen ist. Die Berücksichtigung von Reziprozität und Gegenseitigkeit führt bei gemeinsamen Vereinbarungen einerseits zu einer stärkeren Leistungsorientierung (Dabos & Rousseau, 2004) und andererseits zu mehr wahrgenommener Gerechtigkeit (Hassan u. a., 2017). Das Begriffspaar Ziele und Ressourcen drückt in diesem Fall aus, dass Sie (als Vertreter:in der Institution Schule) zwar etwas von der Schüler:in erwarten, dass diese aber auch Ressourcen zur Verfügung gestellt bekommt. Diese Ressourcen knüpfen drittens an die erarbeiteten Gründe für das störende Verhalten an. Der Leitgedanke hier ist: Welche Ressourcen benötigt die Schüler:in, um das Zielverhalten realistisch zeigen zu können.

Das Setzen *realistischer* Ziele spielt hierbei eine wesentliche Rolle. Um dauerhaft Störungen zu minimieren, brauchen beide, Sie und die Schüler:in, Erfolge. Die Vereinbarung sollte nach Möglichkeit umgesetzt werden, damit sie nicht der Beliebigkeit anheimfällt. Erleben die Konfliktpartner:innen, dass eine Vereinbarung umgesetzt wird, erhöht das die Verbindlichkeit für zukünftige Vereinbarungen. Die effektivste Maßnahme, damit die Vereinbarung tatsächlich umgesetzt wird, ist eine realistische Planung. So trivial sich das auch anhört, in der schulalltäglichen Praxis werden Zielsetzungen viel zu oft (verständlicherweise) von den Wünschen der Lehrer:innen (oder der scheinbaren Notwendigkeit) und nicht von der Machbarkeit geleitet.

Wenn man jedoch einmal konsequent die Perspektive hin zu einer idealisierten Schüler:innen-Orientierung wechselt, könnte das Problem der Störung gleich ganz anders aussehen: Nicht die Schüler:in muss sich der Schule anpassen, sondern die Schule sollte jeder einzelnen Schüler:in dazu verhelfen, sich optimal zu entwickeln.[16] Aus dieser Perspektive wäre jede Art der Störung ein Schüler-Feedback, das uns sagt: Hier unterstützt die Schule die Schüler:in nicht optimal. Das heißt, die

16 Ich weiß, dass die meisten von Ihnen, liebe Leser:innen, an dieser Stelle innerlich protestieren. Aber lassen Sie uns bitte den Gedanken – nur um des Gedankens willen – einmal zu Ende denken.

Schüler:in bekommt nicht, was sie benötigt – aber es heißt *nicht*, dass Sie sich keine Mühe geben. Das ist etwas Unterschiedliches.

Eine optimale Unterstützung würde bedeuten, dass wir die Schüler:in dabei begleiten müssten, die Störung in ein geeignetes Feedback zu übersetzen. Diese Leistung der Schüler:in, nach und nach störendes Verhalten in ein konstruktiv formuliertes Feedback zu verwandeln, wäre ein übergeordnetes Entwicklungsziel. Und jeder Schritt in die richtige Richtung wäre ein gemeinsamer Erfolg.

Dass sich diese Haltung in der sehr heterogenen Schullandschaft im deutschsprachigen Raum nicht immer idealtypisch umsetzen lässt, liegt auf der Hand. Aber welche spürbaren Veränderungen im Umgang mit Störungen würden Sie bemerken, wenn Sie hin und wieder diese Haltung einnähmen? Zu welchen Veränderungen in der Störungsqualität würde diese Haltung mittel- bis langfristig führen? Wie gelingt es Ihnen bislang, mit den Schüler:innen Ressourcen zu erschließen, so dass sie die gemeinsam gesteckten Ziele erreichen können? Was davon wollen Sie häufiger nutzen? Was benötigen Sie zusätzlich, damit es Ihnen im Alltag häufiger gelingt, mit Schüler:innen die Ressourcen zu erarbeiten, die diese zum Erreichen der Ziele benötigen?

Vielleicht noch ein letzter Gedanke: Sie erleichtern sich und der Schüler:in die Umsetzung der Ziel- und Ressourcenvereinbarung, wenn Sie kleine Verhaltensweisen anstatt von komplexen Handlungen oder gar Einstellungen anvisieren. Noch einmal: *Machbarkeit geht vor Wünschbarkeit!* Aber: Die Zielerreichung selbst sollte genügend Anlass zur Freude geben. Vermeiden Sie also gegenseitige Unter- wie auch Überforderung.

Steckbrief der Ziel- und Ressourcenvereinbarung:

- Welches Verhalten wird die Schüler:in zukünftig zeigen? (Es ist besser, positives Verhalten zu definieren, als nur zu unterlassendes Verhalten festzulegen.)
- Was braucht die Schüler:in, um dieses Verhalten unter den gegebenen Bedingungen zeigen zu können? (Manchmal kann es auch sinnvoll sein zu verabreden, dass die Schüler:in das neue Verhalten nur zu bestimmten Zeiten zeigt – z. B. in den ersten Stunden, weil sie sich da noch besser konzentrieren kann.)
- Für welchen Zeitraum wird das neue Verhalten erprobt? (Meistens ist es günstig, zunächst einen übersichtlichen Zeitraum zu definieren – z. B. eine Woche –, in dem das Verhalten erprobt wird. Dann kommt es erneut auf den Prüfstand, wird gegebenenfalls modifiziert, verworfen oder übernommen.)
- Wann wird zurückgeschaut, evaluiert und reflektiert? (Halten Sie den Abstand klein, um schnell Erfolge rückmelden oder schnell Korrekturen durchführen zu können. In der Regel bietet es sich an, die erste kurze Rückmeldung nach dem ersten Praxistest zu vereinbaren. Bleiben Sie mit Verabredungen zur Evaluation und Reflexion am Ball, denn dadurch verhindern Sie, dass die besten Vorsätze im Alltag untergehen.)
- Was passiert beim erneuten Auftreten des störenden Verhaltens? (Im nächsten Abschnitt lernen Sie eine Eskalations-Heuristik kennen, die Sie bereits an dieser Stelle mit der Schüler:in besprechen und anpassen können.)

8.2 Zurück in der Realität des Unterrichts

Je besser die Ziel- und Ressourcenvereinbarung, desto größer ist die Wahrscheinlichkeit, dass sie im Unterrichtsalltag auch umgesetzt wird. Allerdings – so zeigen Studien und Erfahrungen – reichen Vorsätze alleine meistens nicht aus, nicht einmal bei Lehrer:innen, die sich angenehme Tätigkeiten vornehmen (Eckert u. a., 2015). In der Realität des Unterrichts sind die alten Ablenkungen, die Mitschüler:innen, die Langeweile usw. wieder da, und diese lösen quasi automatisch das alte Verhalten, die Störung, wieder aus. Nun gilt es, das neu verabredete Verhalten auch im Alltag zu implementieren. Dafür benötigt die Schüler:in in der Regel Ihre Unterstützung. Damit das gelingen kann, stelle ich Ihnen eine »Eskalations-Heuristik« für zukünftige Störungen vor, die die Verabredung mit dieser Schüler:in betreffen. Wichtig dabei ist: Beziehen Sie sich explizit für den zuvor verabredeten Zeitraum nur auf das verabredete Zielverhalten. Sie werden feststellen, dass gerade durch die explizite Beschränkung auf das Zielverhalten diese Intervention »Strahlkraft« auf weitere Störungen hat.

Die Grundidee der Eskalations-Heuristik geht davon aus, dass die Schüler:in zunächst nur einen kleinen Hinweis benötigt, um sich an ihre Zielbindung zu erinnern (Kapitel 8.2.1). Ist das nicht der Fall, fordern Sie klarer und deutlicher die Verabredung ein (Kapitel 8.2.2). Sollte die Schüler:in trotzdem das Störverhalten nicht abstellen, können natürliche negative Konsequenzen sinnvoll sein (Kapitel 8.2.3).

Buchempfehlung
Eine ähnliche Eskalationshierarchie findet sich im *Therapieprogramm für Kinder mit hyperkinetischem und oppositionellem Problemverhalten. THOP* von Döpfner, Schürmann und Frölich (2019). Dort haben sich diese Stufen bewährt. An dieser Stelle sind sie der Realität im Klassenzimmer angepasst.

8.2.1 Commitmentstrategie

Die Grundidee der Commitmentstrategie ist folgende: Wenn die Schüler:in nicht das vereinbarte Verhalten zeigt, fragt die Lehrer:in, was die Schüler:in benötigt, um das Verhalten zu zeigen. Gegebenenfalls erinnert sie noch – auf Augenhöhe – an die Verabredung. Die Haltung hinter dieser ersten Eskalationsstufe besteht darin, an die Verabredung zu glauben und die Schüler:in anzusprechen, um ihr eventuell notwendige Unterstützung zukommen zu lassen. Dadurch wird die Kompetenz und die Eigenverantwortung betont und zugleich Unterstützung signalisiert. Ein Nebeneffekt besteht darin, dass die Schüler:in an die Vereinbarung erinnert wird. Allerdings sollte das Erinnern zunächst noch sekundär sein, um die wahrgenommene Autonomie nicht zu beeinträchtigen und somit keine psychologische Reaktanz auszulösen. Eine oft hilfreiche Frage ist die folgende: »Was brauchst du, damit du anfangen kannst?«

Manchmal benötigen die Schüler:innen etwas mehr Starthilfe, als so kleiner Stups vermag (»Nudging«; Baldwin, 2014). Hier könnte die Foot-in-the-door-Technik (FITD-Technik) hilfreich sein, denn diese Variante ist eine elegante Möglichkeit, Schüler:innen zum Zielverhalten zu bewegen, ohne jedoch Druck aufzubauen. Die FITD-Technik besteht darin, dass man ein »kleines Ja« einfordert, das man schnell bekommt, und damit das »große Ja«, das schwieriger ist, im Nachgang leichter bekommt (Freedman & Fraser, 1966). Die FITD-Technik wurde inzwischen viele Male untersucht, und das Ergebnis ist stets das gleiche: Eine kleine Bitte erleichtert das Erfüllen einer großen Bitte (Comello u. a., 2016). Hält eine Schüler:in sich nicht an das vereinbarte Verhalten (z. B. zügig mit dem Arbeiten beginnen) – und es helfen auch keine kleinen Stupse (im Sinne von Nudging), dann könnte die Lehrer:in zunächst eine kleine Bitte formulieren, die nicht schwer zu erfüllen ist (z. B.: »Nimm schon mal den Stift in die Hand«). Danach wird es deutlich wahrscheinlicher, dass sie auch der Bitte nachkommt, die sich auf das eigentliche Verhalten bezieht (z. B.: »Und jetzt beginne bitte mit der Aufgabe, so wie wir es vereinbart haben«).

8.2.2 Klare Aufforderungen

Auch wenn es klare und einvernehmliche Vereinbarungen gibt, kommt es hin und wieder dazu, dass die Schüler:in sich nicht an die Vereinbarung hält und das verabredete Verhalten nicht zeigt – auch dann nicht, wenn die Lehrer:in alle Möglichkeiten der Commitmentstrategien ausgeschöpft hat. Das kann dann eine Indikation dafür sein, die Eskalationsstufe zu erhöhen. Allerdings gibt es keinen Automatismus, die Eskalationsstufe zu erhöhen, sondern dies ist stets eine individuell abgestimmte Entscheidung. Das übergeordnete Entscheidungskriterium besteht darin, ob das Erhöhen der Eskalationsstufe mittel- bis langfristig günstige Effekte (a) auf die Beziehungsebene, (b) auf das Selbstwirksamkeitserleben und (c) auf das Lern- und Arbeitsklima in der Klasse hat.

Der nächste Eskalationsschritt ist, die Schüler:in klar und deutlich aufzufordern, sich an die Vereinbarung zu halten und das verabredete Verhalten zu zeigen. Damit verlassen Sie (zumindest kurzfristig) die Ebene der Augenhöhe. Das ist manchmal notwendig, denn Sie haben als Lehrer:in selbstverständlich eine besondere Mitverantwortung für den Lernprozess der Schüler:innen auf individueller Ebene wie auch auf Ebene der Klasse (Kapitel 8.3.1). Allerdings kann das Verlassen der Augenhöhe verbunden mit klaren Aufforderungen zu psychologischer Reaktanz und damit zu Turbulenzen auf der Beziehungsebene führen. Die Schüler:in erlebt ihre eigene Autonomie als eingeschränkt. Auch wenn das Gefühl von Autonomieverlust zur Realität der Schule gehört, sollten Sie unbedingt darauf achten, dass Sie hier möglichst schnell die Augenhöhe wieder herstellen. Wie kann das funktionieren?

Zunächst sollten Sie sich nur dafür entscheiden, die klare Aufforderung als Maßnahme anzuwenden, wenn Sie bereit sind, diese durchzuhalten. Diese Maßnahme benötigt etwas Zeit, in der Sie den anderen Schüler:innen kaum Beachtung schenken können. Trotzdem lohnt es sich oft, sich für diese Intervention zu entscheiden. Döpfner und Kolleg:innen (2019) empfehlen Eltern von Kindern mit hyperkinetischem und oppositionellem Problemverhalten, die Aufforderung nur auf das Zielverhalten zu beziehen. Sie empfehlen, eine klare und deutliche Aufforderung – und keine Bitte – zu formulieren. Die Eltern sollen beim Kind bleiben, bis dieses das eingeforderte Verhalten begonnen hat. Diese Empfehlungen haben sich auch für Lehrer:innen bewährt: Machen Sie durch Ihre Haltung und die Formulierung klar, dass Sie erwarten, dass die Schüler:in das vereinbarte Verhalten umsetzt. Bleiben Sie so lange körperlich präsent, bis die Schüler:in tatsächlich der Vereinbarung nachkommt. Allein der Aspekt der Präsenz wirkt viel stärker, als viele Lehrer:innen es sich vorstellen können (das ist meine Erfahrung aus vielen Fortbildungen und Unterrichtsbeobachtungen). Die hier investierte Zeit bekommen Sie vielfach zurück.

Kommt die Schüler:in dann der Aufforderung nach, liegt die Kunst darin, dass auf Schüler:innen-Seite kein Gesichtsverlust – im Sinne eines verlorenen Machtkampfes – entsteht. Eine gute Möglichkeit, dies zu vermeiden, besteht darin, nicht das Verhalten direkt zu loben (»Wie schön, dass du tust, was ich sage«), sondern die Beziehungsebene und die mit ihr verbundene Vereinbarung in den Fokus zu rücken: »Ich habe gesehen, wie schwer es dir fällt. Umso mehr freue ich mich, dass du dich an unsere gemeinsame Vereinbarung hältst. Das ist gut.« Manchmal ist es wichtig, im Blick zu behalten, auf welcher Bühne die Rückmeldung geschieht. Sie könnten der Schüler:in z. B. einen Gesichtsverlust zufügen, wenn Ihre Rückmeldung die Peers zu spotten veranlasst. Aber eine positive Rückmeldung sollte die Schüler:in auf jeden Fall bekommen.

8.2.3 Natürliche negative Konsequenzen

Die letzte Stufe der Eskalations-Heuristik besteht darin, natürliche negative Konsequenzen zu verhängen. Sie kommt zur Anwendung, wenn die Schüler:in sich trotz nachdrücklicher Aufforderung weigert, das Zielverhalten zu zeigen und das unerwünschte Verhalten zu unterlassen. Allerdings folgt auch diese Stufe nicht automatisch, sondern nur nach bewusster Entscheidung. Bei dieser Entscheidung sollte nicht Ihr Ärger das entscheidende Kriterium sein (»Wenn Max sich nicht an die Verabredung hält, verdient er eine Strafe!«). Vielmehr sollte so lange wie möglich der Erfolg und damit die Umsetzung der Vereinbarung angestrebt werden. Erst wenn dies nicht möglich ist, sollte die letzte Eskalationsstufe angewandt werden, und auch erst dann, wenn bei der Nicht-Anwendung ein Schaden für andere oder für die Schüler:in selbst entsteht. Die natürlichen negativen Konsequenzen sind keine Strafen (Döpfner u. a., 2019). Vielmehr zielen sie darauf ab, die Konsequenz des unerwünschten Verhaltens oder der Unterlassung des verabredeten Verhaltens deutlich zu machen.

Und genau dieser Fokus verpflichtet zu einer Reflexion, bevor eine natürliche negative Konsequenz verhängt wird, denn Verstöße gegen die Vereinbarungen können auch ärgerlich, aber nicht im eigentlichen Sinne störend sein. Somit bedürfen sie keiner durch Sie verhängten unmittelbar Konsequenzen. Besteht die Vereinbarung beispielsweise darin, dass die Schüler:in mehr Aufgaben im Unterricht bearbeiten soll, anstatt in die Luft zu schauen, gibt es zunächst keinen Handlungsdruck, direkt Konsequenzen folgen zu lassen, denn hier entsteht keine direkte Störung. Sie können die mittel- bis langfristigen Folgen mit der Schüler:in besprechen und dies gegebenenfalls an den nachfolgenden Noten veranschaulichen. Lenkt die Schüler:in jedoch ihre Mitschüler:innen von der Arbeit ab, besteht Handlungsbedarf, um eine gute Lernatmosphäre sicherzustellen. Eine mögliche und natürliche Konsequenz könnte beispielsweise darin bestehen, dass die Schüler:in an einem anderen Ort ihre Aufgaben erledigt, an dem sie andere nicht stört. Sobald sie (aufrichtig) bereit ist, nach Lösungen zu suchen, entfällt die natürliche negative Konsequenz.

»Natürlich« bedeutet, dass durch die Konsequenz der gewünschte Zustand (wieder) hergestellt wird oder zumindest in einem unmittelbaren logischen Zusammenhang mit dem Verhalten steht. Es geht hier nicht um das Verhängen von Strafen, die nichts mit dem Verhalten zu tun haben. Stört eine Schüler:in ihre Mitschüler:innen, wären Beispiele für nicht natürliche negative Konsequenz (= Strafe), dass die Schüler:in den Klassenraum saubermachen oder Sozialdienste ableisten muss. Auch das reflexartige Vergeben schlechter Noten für Störungen wäre ein Beispiel dafür.

»Negativ« bedeutet, dass die Schüler:in die Konsequenz nicht als Anreiz erleben sollte, dieses Verhalten weiterhin zu zeigen. Dabei sollten Sie darauf achten, dass die Konsequenz aus Sicht der Schüler:in negativ ist. Vielfach »adeln« vermeintlich negative Konsequenzen die Schüler:innen in den Augen der Peers, oder sie unterstützen eine Märtyrerrolle. Unterstützen Sie diese Dynamiken nicht durch die Konsequenzen. Solche Rollen, Selbst- und Fremdbilder gilt es nach und nach zu korrigieren (z. B. im Klassenrat).

Zur Umsetzung natürlicher negativer Konsequenzen empfehlen Döpfner und Kolleg:innen (2019) einige Regeln, die sich auch für die Schule bewährt haben. Die aus meiner Sicht wichtigsten Punkte bestehen darin, dass die Konsequenz tatsächlich (a) *durchführbar* ist und (b) *regelmäßig* (c) *unmittelbar* nach dem störenden Verhalten durchgeführt wird. Zudem sollten die Konsequenzen (d) *ruhig* durchgeführt werden. Ist das Problemverhalten bereits abgeschlossen bzw. geschehen, (e) *benennen Sie die Regelverletzung* und geben Sie der Schüler:in (f) *Gelegenheit, ihre Sicht darzustellen.* Danach führen Sie (g) *die Konsequenz durch,* wenn die Begründung der Schüler:in nicht eine Ausnahme rechtfertigt. Ausnahmen sollten wirklich nur Ausnahmen bleiben, denn die Schüler:innen sollten nicht lernen, durch rhetorisches Geschick Hintertüren zu öffnen. Danach (h) *reflektieren* Sie möglichst zeitnah und (i) *erarbeiten Alternativen.*

Betreffen die Konsequenzen die ganze Lerngruppe (z. B. beim Ausschluss einer Schüler:in), sollten die Maßnahmen im Klassenrat besprochen werden. Gegebenenfalls können Sie vorab mit dem Klassenrat Möglichkeiten zum Umgang mit Regelverletzungen im Sinne natürlicher negativer Konsequenzen erarbeiten. Auf diese Weise wären die Konsequenzen auch demokratisch legitimiert. Allerdings ist das nicht immer möglich. Eine günstige Haltung für die Umsetzung natürlicher negativer Konsequenzen bietet der Ansatz der neuen Autorität (Kapitel 8.3).

8.3 Die neue Autorität

Die »traditionelle Autorität« beruft die sich auf Hierarchie. Sie hat jedoch weitestgehend ihre Wirkung verloren. Das führt dazu, dass Kinder und Jugendliche nicht mehr per se auf Erwachsene (Eltern, Lehrer etc.) hören, nur weil diese erwachsen oder »Funktionsträger« sind. Nach Omer und von Schlippe (2016) beruht die »alte« Autorität auf Angst. Es ist zwar nicht wünschenswert, die »alten Zustände« wieder herzustellen, allerdings sollte an ihre Stelle eine »neue Autorität« treten, die anstatt auf Angst und Macht auf Stärke und Beziehung basiert.

Der Ansatz der *neuen Autorität* fußt auf sieben Säulen, die ich im Folgenden skizziere. Für einen tieferen Einblick empfehle ich Bücher oder Vorträge von Haim Omer (z. B. auf YouTube), denn Haim Omer stellt seinen Ansatz auf eine – wie ich finde – sehr kluge Art dar.

> ***Buchempfehlung***
> Für den Umgang mit der klinischen Störung des Sozialverhaltens habe ich eine Verknüpfung des Ansatzes der »neuen Autorität« mit anderen Classroom-Management-Methoden in meinem Buch *Umgang mit psychischen Störungen im Unterricht. Klinisches Classroom Management* (Eckert, 2022) dargestellt.

8.3.1 Säule 1: Präsenz und wachsame Sorge

Beziehung benötigt Kontakt und Präsenz. Präsenz ist mehr als reine Anwesenheit. Ihr liegt eine bewusste Entscheidung zugrunde. Es geht um alle Aspekte von Beziehungsgestaltung. Wenn Sie wirklich »da« sind, reduzieren sich oft Verhaltensprobleme von selbst.

»Wachsame Sorge« bedeutet, dass Sie die Entwicklung der Schüler:innen und der Gruppe fürsorglich im Blick behalten. Da Sie oft über einen »weiteren« Blick verfügen als die Schüler:innen, sehen Sie auch mögliche problematische Folgen von Verhaltensweisen. Deswegen können Sie bestimmte Verhaltensweisen nicht einfach akzeptieren. Das Nicht-Akzeptieren von Verhaltensweisen (und Regelverstößen) geschieht nicht aus der Haltung heraus, eine Ordnung um ihrer selbst willen aufrechtzuerhalten oder gar Ihre eigene Autorität durchzusetzen (das wäre die »alte Autorität). Das Nicht-Akzeptieren von Verhaltensweisen geschieht aus einer Haltung heraus, dass Sie das Beste für jede einzelne Schüler:in, die Gruppe und den Lernprozess im Blick behalten und sich für den Prozess verantwortlich fühlen.

Sobald Sie das Gefühl haben, Ihre Autorität wird untergraben, sollte Ihnen dies als Warnzeichen dienen: Denn es geht nicht um Ihre Autorität, sondern um den Prozess. Und für den sind alle verantwortlich. Sie haben nur die besondere Verantwortung, die Verantwortung aller anderen Akteure einzufordern. Auch wenn es sich zunächst nur nach rhetorischen Spitzfindigkeiten anhören mag, gibt es einen echten Unterschied. Denn wenn alle verantwortlich sind und Ihre Verantwortung darin besteht, darauf zu achten, dass alle ihrer Verantwortung nachkommen, und diese gegebenenfalls einfordern, dann kommen Sie nicht mehr in die Verlegenheit eines Autoritätsverlustes. Der Vorwurf »Sie haben die Klasse nicht im Griff!« verführt zur Anwendung der »traditionellen Autorität«. Allerdings würde nach der neuen Autorität ein »Autoritätsverlust« (im klassischen Sinne) bedeuten, dass andere Akteure ihrer Verantwortung nicht nachkommen. Nach diesem Verständnis könnten Sie dem Vorwurf, die Klasse nicht im Griff zu haben, cool begegnen und gemeinsam mit allen weiter am Prozess arbeiten.

8.3.2 Säule 2: Selbstkontrolle und Eskalationsvorbeugung

Das bereits genannte Zitat von John Maynard Keynes, »Man kann ein Pferd zur Tränke führen, saufen muss es schon selbst«, macht eines besonders deutlich: Wir können andere nicht verändern, nicht deren Verhalten und erst recht nicht deren Einstellungen. Egal wie wünschenswert dies auch wäre. Wir können sie aber einladen, sich selbst zu verändern. Dafür benötigen sie gute Modelle. Und wir selbst sind potenziell diese guten Modelle, die die Schüler:innen inspirieren können, sich zu verändern. Aber: Wir selbst können uns verändern. Deswegen sollten wir an uns selbst arbeiten.

Ein weiterer wichtiger Aspekt: Wir regulieren uns und entscheiden selbst, ob wir uns provozieren lassen. Damit bewahren wir uns immer die Möglichkeit, gelassen zu reagieren und einen Konflikt konstruktiv zu klären. Und genau darum geht es. Haim Omer prägte den Satz: »Schmiede das Eisen, wenn es kalt ist.« Es geht also darum, die Situation nicht zu eskalieren, für uns, für die Lerngruppe und für die Schüler:in. Unser Handeln sollte also stets darauf angelegt sein, Eskalationen zu vermeiden. Denn mit Eskalationen gehen oft Verletzungen, Beschämungen und Gesichtsverlust einher.

Um gute Modelle zu sein, müssen Sie erreichbar bleiben oder werden. Ihre Fehler und Ihr Scheitern müssen für die Schüler:innen sichtbar werden, genauso wie Ihr Umgang damit. Das gilt insbesondere für den Umgang mit Konflikten. Sie müssen nicht Übermenschliches vollbringen, sondern menschlich erkennbar bleiben – auch mit Ihrem Scheitern und Ihrem Umgang damit.

Reflexionsimpuls

Wie gehen Sie damit um, wenn Ihnen der Kragen geplatzt ist (und das kann jedem mal passieren)? Rechtfertigen Sie Ihr Verhalten? Kehren Sie es unter den Teppich? Suchen Sie das Gespräch und entschuldigen Sie sich für gegebenenfalls unpassende Formen und klären wichtige Inhalte? Welche Lernmöglichkeiten bieten Sie Ihren Schüler:innen durch Ihr Vorleben? Welche möchten Sie zukünftig mehr bieten? Worauf möchten Sie zukünftig etwas mehr achten?

8.3.3 Säule 3: Unterstützungsnetzwerke und Bündnisse

Vielfach erleben Lehrer:innen Hilflosigkeit angesichts der Unterrichtsstörungen – und sie fühlen sich allein. Umso wichtiger ist, damit nicht alleine zu bleiben. Das Knüpfen von Unterstützungsnetzwerken und Bündnissen ist deswegen eine zentrale Säule der neuen Autorität. Erziehung funktioniert nur gemeinsam. Spielen sich die unterschiedlichen Partner, die an der Erziehung beteiligt sind (Lehrer:innen, Eltern, Trainer, Pastoren etc.), gegenseitig aus, entstehen mehr Probleme.

Eine große Stärke des Ansatzes der neuen Autorität ist es, sich gegenseitig zu unterstützen und gemeinsam an einem Strang zu ziehen. Dazu sind Bündnisse und Netzwerke nötig. Kooperieren Sie mit so vielen Netzwerkpartner:innen wie möglich. Das können Trainer:innen der Schüler:innen sein, Pastor:innen (oder »Äquivalente« anderer Religionen), Eltern, Großeltern, Freunde etc. Durch die Netzwerke und Bündnisse schließen sich »Schlupflöcher«. Selbstverständlich sollten genügend Schlupflöcher bleiben, damit Kindheit und Jugend nicht ihren ganz speziellen Charme verlieren. Handeln Sie also mit Augenmaß, lassen Sie aber gemeinsam kein nicht-akzeptables Verhalten durchgehen. Und bieten Sie den Kindern und Jugendlichen gemeinsam ein Netz aus Geborgenheit und Sicherheit.

Reflexionsimpuls
Wie kann Ihnen das gelingen? Welche positiven Erfahrungen haben Sie selbst als Kind und Jugendliche mit »Erziehungsbündnissen« erlebt? Wann war es zu eng? Wie ist es Ihren Bezugspersonen gelungen, das richtige Maß zu finden?

Und übrigens: Den Satz »Es braucht ein ganzes Dorf, um ein Kind zu erziehen oder ein Kind stark zu machen« (afrikanisches Sprichwort), teilen die meisten Menschen. Dieser Satz hat sich erfahrungsgemäß als Türöffner bewährt, um Kooperation mit eher schwierigen Interaktionspartnern anzubahnen.

8.3.4 Säule 4: Protest und gewaltloser Widerstand

Wie können wir mit wiederholten Regelverstößen umgehen? Anstatt zu drohen, zu sanktionieren usw., hat sich im Ansatz der neuen Autorität die Form des gewaltlosen Protests etabliert. Dabei sind es Sie und Ihre Mitstreiter, also das Netzwerk, das Widerstand gegen gewalttätiges, aggressives oder auf andere Art nicht hinnehmbares Verhalten von Schüler:innen leistet. Die Kernbotschaft an die betroffene Schüler:in ist: »Wir (als Netzwerk) nehmen dein Verhalten nicht mehr hin. Du bist uns wichtig, und deshalb nehmen wir es nicht mehr hin! Wir können dich nicht ändern – das kannst nur du selbst, aber wir können uns positionieren.«

Nicht Sie müssen die Schüler:in verändern – das kann die Schüler:in nur selbst. Wenn aber Sie und das Netzwerk geschlossen protestieren, wird das einen Effekt haben. Bleiben Sie beharrlich und am Ball. Erwarten Sie nicht sofortige Änderungen. Geben Sie sich und der Schüler:in Zeit.

Wie aber kann Protest und Widerstand Ihrerseits im Setting Schule aussehen? Kündigen Sie den Widerstand zunächst an. Das kann z. B. durch einen gemeinsamen Brief geschehen. Dieser sollte folgende Aspekte enthalten:

- Sie leisten gemeinsam Widerstand. Es sollte deutlich werden, dass Sie nicht alleine sind.
- Sie leisten Widerstand, weil die Schüler:in Ihnen wichtig ist.
- Sie werden das Verhalten nicht länger hinnehmen. Benennen Sie das Verhalten möglichst konkret.
- Sie erwarten von der Schüler:in Lösungen bzw. Lösungsvor-

schläge. Damit ist klar, dass Sie (das ganz Netzwerk) Lösungsvorschläge von der Schüler:in erwarten. So nehmen Sie die Schüler:in in die Verantwortung (anstatt es ihr zu gestatten, in einer Konsumentenposition zu verweilen).

Optimalerweise verlesen Sie den Brief gemeinsam (z. B. Eltern und Lehrer:innen in einem Gespräch mit der Schüler:in). Eine Möglichkeit, die Lösungsvorschläge und die Kooperation der Schüler:in einzufordern, könnte darin bestehen, über Ihre Präsenz zu wirken. Sie können die Schüler:in beispielsweise aus Protest in den Pausen so lange begleiten, bis diese Lösungsvorschläge macht. Kündigen Sie an, dass Sie Ihren Protest so lange fortsetzen, bis die Schüler:in ernst gemeint über mögliche Lösungen spricht. Wechseln Sie sich mit Ihren Kolleg:innen ab. Wenn es geht, binden Sie auch Trainer:innen ein. Wie wirkungsvoll wäre es, wenn auch die Fußballtrainer:in die Schüler:in *stumm* auf dem Pausenhof begleitet, bis diese kooperiert?

8.3.5 Säule 5: Versöhnung und Beziehung

Die Beziehung spielt, wie wir gesehen haben, eine maßgebliche Rolle im Classroom Management (Kapitel 4). Oft nehmen die Elemente, die eine positive Beziehung prägen, ab, wenn die Konflikte zunehmen. Das ist ungünstig. Deswegen ist es wichtig, unbedingt positive und beziehungsstiftende Aktivitäten aufrechtzuerhalten – gerade dann, wenn die Konflikte zunehmen.

Tragfähige Beziehungen ermöglichen zudem die Erfahrung von Konflikt und Versöhnung. Nicht alle Kinder und Jugendlichen durften dieses mutmachende und Zuversicht spendende Wechselspiel kennenlernen. Die Schule ist ein guter Ort, diese Erfahrungen (zumindest teilweise) nachzuholen.

8.3.6 *Säule 6: Transparenz*

Um die Akzeptanz und die Unterstützung für die Maßnahmen zu fördern, ist Transparenz ein wichtiges Element. Maßnahmen wie gewaltloser Widerstand und Protest lösen möglicherweise bei den Schüler:innen Irritationen aus – vor allem, wenn diese Sanktionen, Drohen oder Schimpfen gewohnt sind. Erklären Sie, was Sie machen und warum Sie es machen.

Reflektieren Sie gemeinsam mit den Schüler:innen den Einsatz solcher Maßnahmen. Es gehört unbedingt dazu, sich den Fragen – auch den kritischen – zu stellen. Erwarten Sie nicht sofort eine große Zustimmung unter den Schüler:innen. Haben Sie gegebenenfalls Geduld und geben der Zustimmung die Möglichkeit zum Wachsen. Bedenken Sie dabei, dass der Ansatz der neuen Autorität dem Prinzip der Beharrlichkeit folgt (s. o.).

8.3.7 *Säule 7: Wiedergutmachung*

Wiedergutmachung ist eine große Chance. Die Schüler:innen (und auch Sie als Lehrer:innen) haben auf diese Weise die faire Chance, ihre Schuld zu »begleichen«. Die Schüler:in erarbeitet mit den geschädigten Personen oder mit der Klasse gemeinsam eine Möglichkeit, wie sie den entstandenen Schaden wiedergutmachen kann. Das hat gleich mehrere Vorteile. Zunächst erhöht sich durch diese aktive Auseinandersetzung mit dem entstandenen Schaden und mit der Geschädigten die Wahrscheinlichkeit, dass die Schüler:in das Unrecht wahrnimmt und begreift. Zweitens wird das Bedürfnis nach Strafe und Sanktionen dadurch adressiert, ohne dass im strafenden Sinne gehandelt werden muss. Drittens hat die Schüler:in die Chance, entstandenes Unrecht oder entstandenen Schaden wiedergutzumachen – und damit eine Schuld loszuwerden.

Wiedergutmachung ist ein wertvolles Prinzip. Allerdings kann niemand versprechen, dass es einfach ist. Viele Lösungen brauchen Fingerspitzengefühl. Ich möchte Sie jedoch ermutigen, Ihren Schüler:innen zu vertrauen. Oft finden diese Lösungen, auf die wir Erwachsenen nicht gekommen wären.

9 Ausblick

Es wird immer wieder deutlich, dass eines der höchsten Güter, die wir haben, Bildung ist. Sie ist die Grundlage für ein mündiges und verantwortungsbewusstes Zusammenleben und damit Grundlage unserer Demokratie. Angesichts zukünftiger Probleme und komplexerer Strukturen werden wir kluge Lösungen und respektvolle Auseinandersetzungen zunehmend mehr benötigen.

Bildung umfasst mehr als das Wissen um mathematische Formeln oder Vokabeln und Grammatik. Schulische Bildung gibt uns die Chance, miteinander zu wachsen, uns zu entwickeln, Umgangsformen zu erproben und Konflikte konstruktiv lösen zu lernen. Dabei ist das »Uns« – also die Erste-Person-Plural-Perspektive – bewusst gewählt. Denn nicht nur Schüler:innen, sondern eben auch Lehrer:innen und Eltern können an diesem herausfordernden und spannenden Miteinander wachsen. Classroom Management ist dabei der Versuch, diese Formen der Bildung und Entwicklung zu systematisieren bzw. zu begünstigen. Und in diesem Sinn kann auch das Lernen physikalischer Gesetzmäßigkeiten mit dem Entwickeln wichtiger inter- und intrapersoneller Prozesse wie beispielsweise das Stärken von Selbstwirksamkeitserwartung einhergehen.

Dieses Buch soll eine Einladung sein, das Geschehen im Klassenraum auf eine wachstums- und entwicklungsorientierte Art und Weise zu »managen«. Dabei ist die kongruente Passung von Haltung und Methode wesentlich. Beides lässt sich entwickeln. Lassen Sie sich immer wieder in Ihrem Alltag zu diesen Entwicklungsprozessen einladen.

Und genauso wie die Schüler:innen immer wieder scheitern dürfen und auch sollen, um daran wachsen und sich entwickeln zu können, ist es wichtig, dass Sie sich Scheitern und Misslingen in einer fehlerfreundlichen Weise erlauben. Das gilt ganz besonders auch für das Management der Prozesse im Klassenzimmer und in der Lerngruppe überhaupt. Denn so ermöglichen auch Sie sich Wachstum, das mit Sicherheit oft über die Schule und über die Lehrer:innen-Rolle hinauswirken wird.

Lassen Sie uns abschließend noch einmal auf die Schule und das System Schule blicken. Argyris und Schön (2002) erforschen die lernende Organisation. In diesem Zusammenhang rücken sie verschiedene Formen des Lernens in den Fokus. Immer mehr Schulen machen sich auf den Weg, lernende Organisationen zu werden. Ich erlebe es vielfach, dass die Umsetzung schwierig ist, wenn sie von »oben« angeordnet wird. Wenn es jedoch von »unten« gewollt und von »oben« ermöglicht wird, sind die Erfolgsaussichten für eine wirklich lernende Organisation deutlich besser.

Aus meiner Sicht wäre es eine lohnenswerte Vision, dass wachstumsorientiertes Classroom Management, so wie es in diesem Buch skizziert ist, und wachstumsorientiertes Schulmanagement »aus einem Guss« gedacht und gelebt wird. Auf diese Weise könnten immer mehr Schulen zu einem Ort werden, an dem alle Akteure gerne arbeiten, leben und lernen. Ich wünsche Ihnen von Herzen, dass Sie in Ihrem Wirkungsbereich Unterricht und Schule für alle (und damit auch für sich selbst) immer wieder so gestalten können, dass Schule stark, gesund und vor allem auch Spaß macht. Und dass Sie nicht den Mut verlieren, wenn es nicht so funktioniert, wie Sie es sich wünschen.

Literaturverzeichnis

Achtziger, A., & Gollwitzer, P. M. (2010). Motivation und Volition im Handlungsverlauf. In: H. Heckhausen & J. Heckhausen (Hrsg.). Motivation und Handeln. Berlin/Heidelberg: Springer. S. 309–335.

Argyris, C., & Schön, D. A. (2002). Die Lernende Organisation. Grundlagen, Methode, Praxis. 2. Klett-Cotta.

Asay, T. P., & Lambert, M. J. (1999). The empirical case for the common factors in therapy: Quantitative findings. In: M. A. Hubble, B. L. Duncan, & S. D. Miller (Hrsg.). The heart and soul of change: What works in therapy. Washington: American Psychological Association. S. 23–55.

Atzert, R., John, R., Preisfeld, A., & Damerau, K. (2020). Der Einfluss kriterialer, sozialer und individueller Bezugsnormen auf das experimentbezogene Fähigkeitsselbstkonzept. In: Zeitschrift für Didaktik der Naturwissenschaften, 26(1), S. 89–102.

Baldwin, R. (2014). From regulation to behaviour change: giving nudge the third degree. In: The Modern Law Review, 77(6), S. 831–857.

Bandura, A. (1997). Self efficacy: The exercise of control. New York: Freeman.

Berking, M., & Znoj, H. (2008). Entwicklung und Validierung eines Fragebogens zur standardisierten Selbsteinschätzung emotionaler Kompetenzen (SEK-27). In: Zeitschrift für Psychiatrie, Psychologie und Psychotherapie, 56(2), S. 141–153.

Blackwell, L. S., Trzesniewski, K. H., & Dweck, C. S. (2007). Implicit theories of intelligence predict achievement across an adolescent transition: A longitudinal study and an intervention. In: Child development, 78(1), S. 246–263.

Bosmans, G., Bakermans-Kranenburg, M. J., Vervliet, B., Verhees, M. W., & van IJzendoorn, M. H. (2020). A learning theory of attachment: Unraveling the black box of attachment development. In: Neuroscience & Biobehavioral Reviews, 113, S. 287–298.

Bromme, R. (2014). Der Lehrer als Experte: Zur Psychologie des professionellen Wissens. Münster: Waxmann Verlag.

Brühwiler, C., Helmke, A., & Schrader, F. W. (2017). Determinanten der Schulleistung. In: M. Schweer (Hrsg.). Lehrer-Schüler-Interaktion. Wiesbaden: Springer VS. S. 291–314.

Brüning, L., & Saum, T. (2009). Erfolgreich unterrichten durch Kooperatives Lernen 2. Neue Strategien zur Schüleraktivierung. Essen: Neue Deutsche Schule Verlagsgesellschaft.

Brunstein, J. C., & Heckhausen, H. (2018). Leistungsmotivation. In: H. Heckhausen & J. Heckhausen (Hrsg.). Motivation und Handeln. Berlin/Heidelberg: Springer. S. 163–221.

Chartrand, T. L., & Van Baaren, R. (2009). Human mimicry. In: Advances in experimental social psychology, 41, S. 219–274.

Chiviacowsky, S., Wulf, G., & Lewthwaite, R. (2012). Self-controlled learning: the importance of protecting perceptions of competence. In: Frontiers in psychology, 3, S. 458.

Claro, S., Paunesku, D., & Dweck, C. (2016). Mindset tempers effects of poverty on academic achievement. In: Proceedings of the National Academy of Sciences, 113(31), S. 8664–8668.

Claver, F., Martínez-Aranda, L. M., Conejero, M., & Gil-Arias, A. (2020). Motivation, discipline, and academic performance in physical education: A holistic approach from achievement goal and self-determination theories. In: Frontiers in Psychology, 11, S. 1808.

Comello, M. L. N. G., Myrick, J. G., & Raphiou, A. L. (2016). A health fundraising experiment using the »foot-in-the-door« technique. In: Health marketing quarterly, 33(3), S. 206–220.

Dabos, G. E., & Rousseau, D. M. (2004). Mutuality and reciprocity in the psychological contracts of employees and employers. The Journal of Applied Psychology, 89(1), 52–72.

Dar-Nimrod, I., & Heine, S. J. (2006). Exposure to scientific theories affects women's math performance. Science 314(5798), S. 435–435.

Deci, E. L., & Ryan, R. M. (1985). Intrinsic motivation and self-determination in human behavior. New York: Plenum Press.

Delius, A., Bovenschen, I., & Spangler, G. (2008). The inner working model as a »theory of attachment«: Development during the preschool years. In: Attachment & human development, 10(4), S. 395–414.

De Shazer, S., & Dolan, Y. (2020). Mehr als ein Wunder: lösungsfokussierte Kurztherapie heute. Heidelberg: Carl-Auer Verlag.

DeVries, D. L. (1976). Teams-games-tournament: a gaming technique that fosters learning. In: Simulation & Games, 7(1), S. 21–33.

Döpfner, M., Schürmann, S., & Frölich, J. (2019). Therapieprogramm für Kinder mit hyperkinetischem und oppositionellem Problemverhalten. THOP. Weinheim: Beltz.

Duckworth, A. L., Grant, H., Loew, B., Oettingen, G., & Gollwitzer, P. M. (2011). Self-regulation strategies improve self-discipline in adolescents: Benefits of mental contrasting and implementation intentions. In: Educational Psychology, 31(1), S. 17–26.

Dweck, C. (2008). Mindset: The new psychology of success. New York: Ballantine Books.

Eckert, M. (2022). Umgang mit psychischen Störungen im Unterricht. Klinisches Classroom Management. Weinheim: Beltz.

Eckert, M., Ebert, D. D. & Sieland, B. (2012). Unterrichtshandeln von Lehrkräften und Schülern verbessern durch Förderung emotionaler Kompetenzen. In: U. W. Kliebisch & M. Balliet (Hrsg.). Lehrerhandeln. Hohengehren: Schneider Verlag. S. 175–189.

Eckert, M., Ebert, D. D., Lehr, D., Sieland, B., Jazaieri, H., & Berking, M. (2015). Teachers' emotion regulation skills facilitate implementation of health-related intentions. American

Eckert, M., Tarnowski, T., & Merten, L. (2019). Stress- und Emotionsregulation für Jugendliche: Trainingsmanual zum Programm Stark im Stress. Weinheim: Beltz. journal of health behavior, 39(6), 874–881.

Eichhorn, C. (2014). Die Klassenregeln: Guter Unterricht mit Classroom-Management. Stuttgart: Klett-Cotta.

Eichhorn, C., & von Suchodoletz, A. (2013). Chaos im Klassenzimmer: Classroom-Management: damit guter Unterricht noch besser wird. Stuttgart: Klett-Cotta.

Eschenbeck, H., & Knauf, R. K. (2018). Entwicklungsaufgaben und ihre Bewältigung. In: A. Lohaus (Hrsg.). Entwicklungspsychologie des Jugendalters. Berlin/Heidelberg: Springer. S. 23–50.

Eyerer, P., & Krause, D. (2014). TheoPrax – Kommunikative Schnittstelle zwischen Wirtschaft und Schule. In: Th. Rihm (Hrsg.). Teilhaben an Schule. Wiesbaden: Springer VS. S. 249–262.

Fiske, S. T. (2018). Stereotype Content: Warmth and Competence Endure. In: Current Directions in Psychological Science, 27 (2), S. 67–73.

Fiske, S. T., Cuddy, A. J. C. & Glick, P. (2006). Universal dimensions of

social cognition: warmth and competence. In: Trends in Cognitive Sciences, 11 (2), S. 77–83.
Fraeyman, H. (2020). Mindset practices in the classroom: How to effectively implement a growth mindset pedagogy. (Doctoral dissertation.)
Freedman, J. L., & Fraser, S. C. (1966). Compliance without pressure: The foot-in-the-door technique. In: Journal of personality and social psychology, 4(2), S. 195–202.
Gasser, L., Grütter, J., & Torchetti, L. (2018). Inclusive classroom norms, children's sympathy, and intended inclusion toward students with hyperactive behavior. In: Journal of School Psychology, 71, S. 72–84.
Geber, S., Baumann, E., & Klimmt, C. (2019). Where do norms come from? Peer communication as a factor in normative social influences on risk behavior. In: Communication research, 46(5), S. 708–730.
Göbel, K., Baumgarten, F., Kuntz, B., Hölling, H., & Schlack R (2018). ADHS bei Kindern und Jugendlichen in Deutschland – Querschnittergebnisse aus KiGGS Welle 2 und Trends. In: Journal of Health Monitoring 3(3), S. 46–53.
Gollwitzer, P. M. (1999). Implementation intentions: Strong effects of simple plans. In: American Psychologist, 54(7), S. 493–503.
Gollwitzer, P. M., & Brandstätter, V. (1997). Implementation intentions and effective goal pursuit. In: Journal of personality and social psychology, 73(1), S. 186–199.
Green, N., & Green, K. (2005). Kooperatives Lernen im Klassenraum und im Kollegium. Seelze: Kallmeyer.
Green, N., & Green, K. (2010). Kooperatives Lernen. Seelze-Velber: Klett/Kallmeyer.
Han, Y., & Hong, S. (2019). The impact of accountability on organizational performance in the US federal government: The moderating role of autonomy. In: Review of Public Personnel Administration, 39(1), S. 3–23.
Hansen, J., & Wänke, M. (2009). Think of capable others and you can make it! Self-efficacy mediates the effect of stereotype activation on behavior. In: Social cognition, 27(1), S. 76–88.
Hascher, T. (2006). Die Lehrerin / der Lehrer als Modell. In: Salzburger Beiträge zur Erziehungswissenschaft, 10(2), S. 5–15.

Hassan, Z., Abdul-Rahman, A., & Basit, A. (2017). The impact of psychological contract on organisational commitment: A study on public sector of Maldives. In: Journal of Human Resource Management, 20(2), S. 30–40.
Hattie, J. (2008). Visible learning: A synthesis of over 800 meta-analyses relating to achievement. London: Routledge.
Hill, A. (2005). Making sense of methods in the classroom: A pedagogical presence. Lanham: Rowman & Littlefield Publishing Group.
Hofer, M. (2004). Schüler wollen für die Schule lernen, aber auch anderes tun: Theorien der Lernmotivation in der Pädagogischen Psychologie. In: Zeitschrift für Pädagogische Psychologie, 18(2), S. 79–92.
Hogg, M. A., & Reid, S. A. (2006). Social identity, self-categorization, and the communication of group norms. In: Communication theory, 16(1), S. 7–30.
Hong, F. Y., Chiu, S. I., Huang, D. H., & Chiu, S. L. (2021). Correlations among classroom emotional climate, social self-efficacy, and psychological health of university students in Taiwan. In: Education and Urban Society, 53(4), S. 446–468.
Johnson, D. S. (1981). Naturally acquired learned helplessness: the relationship of school failure to achievement behavior, attributions, and self-concept. In: Journal of Educational Psychology, 73(2), S. 174.
Junker, R. & Holodynski, M. (2021). Klassenführung. In: K. Seifried, S. Drewes & M. Hasselhorn (Hrsg.). Handbuch Schulpsychologie. Psychologie für die Schule. Stuttgart: Kohlhammer.
Kahneman, D. (2016). Schnelles Denken, langsames Denken. Übers. von Thorsten Schmidt. München: Penguin.
Katz-Navon, T. Y., & Erez, M. (2005). When collective- and self-efficacy affect team performance: The role of task interdependence. In: Small group research, 36(4), S. 437–465.
Kaufman, A., & Dodge, T. (2009). Student perceptions and motivation in the classroom: Exploring relatedness and value. In: Social Psychology of Education, 12(1), S. 101–112.
Kindl-Beilfuß, C. (2012). Einladung ins Wunderland. Systemische Feedback- und Interventionstechniken. Heidelberg: Carl-Auer Verlag.
Klippert, H. (2010). Heterogenität im Klassenzimmer. Wie Lehrkräfte effektiv und zeitsparend damit umgehen können. Weinheim: Beltz.

Klippert, H. (2019). Teamentwicklung im Klassenraum. Weinheim: Beltz.

König, J., & Kramer, C. (2016). Teacher professional knowledge and classroom management: on the relation of general pedagogical knowledge (GPK) and classroom management expertise (CME). In: ZDM Mathematics Education 48, S. 139–151.

Kohler, B. (2019). Hausaufgaben. In: E. Kiel, B. Herzig, U. Maier, & U. Sandfuchs (Hrsg.). Handbuch Unterrichten an allgemeinbildenden Schulen. Stuttgart: UTB. S. 228–236.

Kornilova, T. V., Kornilov, S. A., & Chumakova, M. A. (2009). Subjective evaluations of intelligence and academic self-concept predict academic achievement: Evidence from a selective student population. In: Learning and Individual Differences, 19(4), S. 596–608.

Kounin, J. S. (1976). Techniken der Klassenführung. Bern: Hans Huber.

Kreber, C. (2010). Academics' teacher identities, authenticity and pedagogy. In: Studies in Higher Education, 35(2), S. 171–194.

LaFrance, M., & Broadbent, M. (1976). Group rapport: Posture sharing as a nonverbal indicator. In: Group & Organization Studies, 1(3), S. 328–333.

Lintorf, K., & Buch, S. R. (2020). Stabile Präferenz oder flexibel am Diagnoseziel orientiert? – Die Bezugsnormwahl angehender Lehrkräfte. In: Zeitschrift für Pädagogische Psychologie, 1, S. 12.

Mak, C., Whittingham, K., Cunnington, R., & Boyd, R. N. (2018). Efficacy of mindfulness-based interventions for attention and executive function in children and adolescents – A systematic review. In: Mindfulness, 9(1), S. 59–78.

Manganelli, S., Lucidi, F., & Alivernini, F. (2015). Italian adolescents' civic engagement and open classroom climate: The mediating role of self-efficacy. In: Journal of Applied Developmental Psychology, 41, S. 8–18.

Maurer, R. E., & Tindall, J. H. (1983). Effect of postural congruence on client's perception of counselor empathy. In: Journal of Counseling Psychology, 30(2), S. 158–163.

Mazur, J. E. (2006) Lernen und Gedächtnis. München: Pearson.

Narciss, S. (2014). Modelle zu den Bedingungen und Wirkungen von Feedback in Lehr-Lernsituationen. In: H. Ditton & A. Müller (Hrsg.). Feedback und Rückmeldungen. Theoretische Grundlagen, empirische Befunde, praktische Anwendungsfelder. Münster: Waxmann. S. 43–82.

Nasser, H. M., Calu, D. J., Schoenbaum, G., & Sharpe, M. J. (2017). The dopamine prediction error: Contributions to associative models of reward learning. In: Frontiers in Psychology, 8, S. 244–244.

Niemierski, I. (1977). Die Auswirkungen eines psychomotorischen Trainings bei 7- bis 8-jährigen Grundschulkindern auf die Meldehäufigkeit im Schulunterricht und auf andere schulisch relevante Variablen. (Unveröffentlichte Dissertation/ Hochschulschrift.)

Oettingen, G., Mayer, D., & Brinkmann, B. (2010). Mental contrasting of future and reality. In: Journal of Personnel Psychology, 9(3), S. 138–144.

Omer, H., & Von Schlippe, A. (2016). Stärke statt Macht: Neue Autorität in Familie, Schule und Gemeinde. Göttingen: Vandenhoeck & Ruprecht.

Ophardt, D., & Thiel, F. (2017). Klassenmanagement als Basisdimension der Unterrichtsqualität. In M. Schweer (Hrsg.). Lehrer-Schüler-Interaktion. Wiesbaden: Springer VS. S. 245–266.

Parrisius, M. (2020). TheoPrax. In: Ternès von Hattburg, A., Schäfer, M. (Hrsg.). Digitalpakt – was nun? Wiesbaden: Springer VS. S. 371–377.

Pudlinski, C. (2005). Doing empathy and sympathy: Caring responses to troubles tellings on a peer support line. In: Discourse studies, 7(3), S. 267–288.

Reiners, A. (2019). Praktische Erlebnispädagogik. Bd. 1: Bewährte Sammlung motivierender Interaktionsspiele. Augsburg: ZIEL Verlag.

Sachse, R. (2009). Psychotherapeuten als Experten. In: R. Sachse, J. Fasbender, J. Breil, & O. Püschel (Hrsg.): Grundlagen und Konzepte Klärungsorientierter Psychotherapie. Göttingen: Hogrefe. S. 269–291.

Schmidt, G. (2021). Liebesaffären zwischen Problem und Lösung: hypnosystemisches Arbeiten in schwierigen Kontexten. Heidelberg: Carl-Auer Verlag.

Schöne, C., Dickhäuser, O., Spinath, B., & Stiensmeier-Pelster, J. (2003). Das Fähigkeitsselbstkonzept und seine Erfassung. In: Diagnostik von Motivation und Selbstkonzept, 1, S. 3–14.

Schulz von Thun, F. (2013). Miteinander reden. Bd. 2: Stile, Werte und Persönlichkeitsentwicklung. Reinbek: Rowohlt.

Seligman, M. E., & Maier, S. F. (1967). Failure to escape traumatic shock. In: Journal of experimental psychology, 74(1), S. 1.

Sorrenti, L., Spadaro, L., Mafodda, A. V., Scopelliti, G., Orecchio, S., & Filippello, P. (2019). The predicting role of school learned helplessness in internalizing and externalizing problems. An exploratory study in students with specific learning disorder. In: Mediterranean Journal of Clinical Psychology, 7(2).

Spilt, J. L., Koomen, H. M., & Thijs, J. T. (2011). Teacher wellbeing: The importance of teacher–student relationships. In: Educational psychology review, 23(4), S. 457–477.

Staddon, J. E., & Cerutti, D. T. (2003). Operant conditioning. In: Annual review of psychology, 54(1), S. 115–144.

Steel, P., Svartdal, F., Thundiyil, T., & Brothen, T. (2018). Examining procrastination across multiple goal stages: a longitudinal study of temporal motivation theory. In: Frontiers in psychology, 9, S. 327.

Sun, R. C. (2015). Teachers' experiences of effective strategies for managing classroom misbehavior in Hong Kong. In: Teaching and Teacher Education, 46, S. 94–103.

Taylor, G., Jungert, T., Mageau, G. A., Schattke, K., Dedic, H., Rosenfield, S., & Koestner, R. (2014). A self-determination theory approach to predicting school achievement over time: The unique role of intrinsic motivation. In: Contemporary Educational Psychology, 39(4), S. 342–358.

Tschacher, W., & Storch, M. (2010). Embodiment und Körperpsychotherapie. In: A. Künzler (Hrsg.). Körperzentrierte Psychotherapie im Dialog. Heidelberg: Springer. S. 161–175.

Van Baaren, R. B., Holland, R. W., Steenaert, B., & Van Knippenberg, A. (2003). Mimicry for money: Behavioral consequences of imitation. In: Journal of Experimental Social Psychology, 39(4), S. 393–398.

Von Schlippe, A. (2003). Grundlagen systemischer Beratung. In: B. Zander & M. Knorr (Hrsg.). Systemische Praxis der Erziehungs- und Familienberatung. Göttingen: Vandenhoeck & Ruprecht. S. 30–54.

Von Schlippe, A., & Schweitzer, J. (2016). Lehrbuch der systemischen Therapie und Beratung. Bd. 1: Das Grundlagenwissen. Göttingen: Vandenhoeck & Ruprecht.

Vygotsky, L. S. (1978). Mind in society: The development of higher psychological processes. Cambridge (Mass.): Harvard University Press.

Wang, P., Zhou, P., Tan, C. H., & Zhang, P. C. (2017). Effect of self-efficacy in stereotype activation. In: Social Behavior and Personality: an international journal, 45(3), S. 469–476.
Wohnig, A. (2017). Zum Verhältnis von sozialem und politischem Lernen am Beispiel des Demokratie-Lernens. In A. Wohnig (Hrsg.), Zum Verhältnis von sozialem und politischem Lernen. Wiesbaden: Springer VS. S. 23–67.
Yunus, M. M., Osman, W. S. W., & Ishak, N. M. (2011). Teacher-student relationship factor affecting motivation and academic achievement in ESL classroom. In: Procedia – Social and Behavioral Sciences, 15, S. 2637–2641.
Zimber, A. (2016). Arbeitseinstellungen erkennen und ändern. In: A. Z. Gesund trotz Multitasking. Berlin/Heidelberg: Springer. S. 93–116.

Zum Autor

MARCUS ECKERT ist ausgebildeter Lehrer und klinischer Psychologe, mit dem Schwerpunkt Schul- und Entwicklungspsychologie. Für diese Schwerpunkte hat er eine Professur an der APOLLON Hochschule (Bremen) inne. Als Mitinhaber und Geschäftsführer des Instituts LernGesundheit (Lüneburg) arbeitet er seit Jahren mit Lehrer:innen und Schüler:innen zu Themen mentaler Gesundheit, Kommunikation und Classroom Management. Zudem entwickelte er bewährte Programme wie das Training *Stark im Stress* oder das *Klinische Classroom Management*. Privat lebt er mit seiner Frau und seinen beiden Kindern in Bremen.